中小企业存在的合理性——理论与实证

中小企业存在的
合理性

理论与实证

刘定平◇著

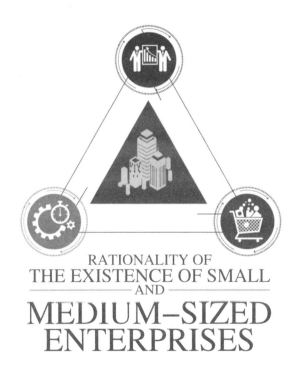

RATIONALITY OF
THE EXISTENCE OF SMALL
AND
MEDIUM–SIZED
ENTERPRISES

经济管理出版社
ECONOMY & MANAGEMENT PUBLISHING HOUSE

图书在版编目（CIP）数据

中小企业存在的合理性——理论与实证 / 刘定平著 . — 北京：经济管理出版社，2020. 9

ISBN 978-7-5096-7361-4

Ⅰ.①中…　Ⅱ.①刘…　Ⅲ.①中小企业—企业经济—研究　Ⅳ.① F276.3

中国版本图书馆 CIP 数据核字（2020）第 152432 号

组稿编辑：杨　雪
责任编辑：杨　雪　陈艺莹
责任印制：赵亚荣
责任校对：陈晓霞

出版发行：经济管理出版社
　　　　　（北京市海淀区北蜂窝 8 号中雅大厦 A 座 11 层　100038）
网　　址：www.E-mp.com.cn
电　　话：（010）51915602
印　　刷：唐山昊达印刷有限公司
经　　销：新华书店
开　　本：710mm×1000mm/16
印　　张：10.25
字　　数：100 千字
版　　次：2021 年 5 月第 1 版　2021 年 5 月第 1 次印刷
书　　号：ISBN 978-7-5096-7361-4
定　　价：78.00 元

作者 2017 年 12 月 26 日于美国加州大学伯克利分校参观访问

作者简介

　　刘定平，1964 年春节生，河南省新县人，中南财经政法大学本科，复旦大学研究生毕业，二级教授，河南财经政法大学统计与大数据学院院长，大数据研究院院长，研究生导师组组长，河南省高等学校人文社科重点研究基地"河南省教育统计数据分析和研究中心"主任，大数据跨学科融合教研室主任。

　　主要社会兼职有：河南省统计学类专业本科教学指导委员会主任委员，河南省统计学会副会长，中国统计学会常务理事，中国统计教育学会职业教育分会副会长，中国商业统计学会常务理事，中国工业统计研究会常务理事，中国企业经济统计学会常务理事，中国统计教育学会社会经济统计分会常务理事，中国现场统计研究会大数据统计分会常务理事，全国统计教材编审委员会第七届委员会委员。

　　主讲《新生成长研讨课》《统计思想与学科前沿》《数据来源与问题研究》《贝叶斯统计》和《统计案例》等课程，为国家级一流课程、省级一流课程、省级精品在线开放课程、省级思政样板课程、省级重点学科、省级一流专业、省级优秀教学团队、省级优秀基层教学组织负责人。

　　研究方向为经济定量分析与统计应用研究。出版专著 2 部，主编教材 7 部；在《数量经济技术经济研究》《中州学刊》等杂志发表论文约 30 篇；主持完成省部级以上教改项目和科研项目约 30 项；研究成果曾获得省部级一等奖 1 项、二等奖 5 项、三等奖 2 项。

　　获得的荣誉主要有：校优秀党员、校优秀党务工作者、校师德标兵、河南省优秀教师、河南省教学名师、中原教学名师、河南省高层次 B 类人才、"中原千人计划"首批专家等。

求道问器之于统计人

　　道器合一是至上的境界，这也是我作为一名高校的统计教师所追求的。

　　寻道。中国知网收录的我国大陆关于中小企业最早的文献是 1957 年刊登在《劳动》杂志上的《必须加强中小企业的劳动保护工作——机电工业地方国营、公私合营企业劳动保护工作会议胜利闭幕》的一则新闻报道。至改革开放之前，这方面的文章一共只有 7 篇，多数是介绍日本的中小企业情况的。20 世纪 90 年代中期，有关中小企业的文章迅速增长。进入 21 世纪以后，其数量呈爆发态势，到 2006 年，也就是本书的写作年代，知网总库的关于中小企业的中文文献年收纳量达到了 5847 件。其数量在 2012 年达到顶峰，为 9206 件。2019 年为 5116 件，2020 年为 4470 件。中国知网收录的第一篇关于小微企业的文献是在《金融信息参考》2005 年第 11 期上刊登的魏国雄的《商业银行如何拓展小微企业信贷业务》这篇文章，2019 年其总库中的小微企业中文文献数量为 3391 件，2020 年为 5494 件。在汗牛充栋的关于中小微企业的文献中，只有邱海平、邓荣霖、林松国、林汉川等一些学者较为全面地总结或较为深刻地探讨了中小企业存在的必然性问题，其他学者基本是以"贡献即合理"为推论依据的。反观中小微企业的发展史，回望中小微企业的理论研究，对其存在的必然性诠释并不令人折服。以当今的现实来看，企业规模实际在朝着两极发展，小微企业繁如星空，互联网世界却又促成了一揽天下的太阳式"通吃"企业。如果不甘于"生物多样性"一类的解读，中小微企业存在的"原理"尚需进一步解析。

除了"中小微企业存在论"这一本体探究之外，这里所言的"寻道"的另外一层意义是指"文以载道"的问题。逻辑推演和经验实证是学术研究方法上的两个基本选项。从目前的学界来看，特别是对于高校的学生群体而言，似乎更偏爱后者，尤其钟爱统计实证。这其中的缘由较为直白，也无可厚非，但问题是，很多人并不能真正明白统计只能证伪。更令人不堪的是，在经历了复杂的统计建模之后，得出的可能是一个一目了然的结论。经典的诸如柯布—道格拉斯生产函数、斯皮尔曼因子模型等经常被阉割、楔钉、曲解或滥用，表现出为文而文的价值取向。

求真。对学者而言，最忌讳的就是第一手资料的阙如。现实中的一般情况是原始资料不足，即使是脱敏的，往往也是可望而不可求。对于中小微企业而言，由于没有常规性的国家统计调查，也鲜有市场数据可用，纵有一些，也得付诸重金。中小企业板市场因其规模的制约和数据的简陋，发布的讯息也都只能让人窥豹管中。数据的捉襟见肘，尤其是没有个体数据时，统计实证，尤其是其中的关联分析，往往无法开展。诸如此类的现实，致使本书难以与时俱进。因此，本书完全保留了其写作年代的模样，一仍其旧，这也许相合了我仰慕典籍的禀性和追求真实的秉性。

关于统计的学问，我的观点是，计数求准，统计求真。如果将准确性当作统计的第一要求，其本质是低阶的。统计结束即为历史，因此，统计是为了启智未来的。数据难逃"污染"，结构的作用胜于总量。避免过拟合，简约出效率。在这些情况下，效用在统计上就会更加重要，而真实是效用的条件。再说，如果统计将准确性当作生命的话，那物理学和数学又将什么奉为圭臬呢？统计推理必须严谨，但其目的是效用性，价值观当是真实性。

致用。许多年来，本书一直作为我的教学辅助材料，提供给本科生和研究生在撰写学位论文时参考。我甚至要求学子们将其作为靶子打，找纰漏。比如，学生不仅提出了样本相关系数较小、KMO 值较低、主成分较多等疑问，还发现了"河南区域的样本单位能用于推断吗"这类更加深入的问题。我都不避讳理论与现实的矛盾，引领他们在学术上如何做到自圆其说。鼓励他们努力去匡正，能够举一反三。学会题目设立、研究思路确定、研究方法遴选、数据来源与质量甄别的一般研究范式，掌握从定性到定量、定量再到定性的统计研究逻辑。

进一步，我觉得符合事实的称呼应该是"统计人"，而非"统计学家"。萨维奇认为统计学基本上是寄生的。纵观统计的先贤，配第、格朗特、阿亨瓦尔、凯特莱、皮尔逊、费喧、瓦尔德、斯通等，都是因为研究某一具体领域中的问题而发现了统计规律或发明了统计方法。即使就内曼和小皮尔逊而言，他们因为建立了统计推断的框架，是最能够被称为是"统计学家"的人，但实际上，他们两人的主体工作仍然是用统计方法去研究现实问题。如今，统计实践越来越呈现出清晰的模式，尤其是随着统计软件的普遍运用，统计不仅具有经济学和理科的性质，也具有明显的工科特征，时代也在呼唤这种交叉特色的人才。因此，本书在进行中小企业理论的探讨时，突出了统计在其中的应用研究，力求从科学到技术，进而到工程的完整展现。"切时如需"

是统计人的使命，本书的成稿时期正是中小企业发展如火如荼的年代，因此，它是肩负着责任的。

审美。除了"切时如需"，欧阳中石先生还说"以书焕彩"，这正说到了我的心坎上。本书力求内容严谨、形式规范，同时，坚持采用上好的纸张精印，正是希望能呼应欧阳中石先生的观点。这其中的缘由，一则是"中原千人"专项为本书的出版提供了资金支持，二则是出于笔者对"信息消化不良"这一当今社会症候的感慨。以高校学生的学习为例，他们在课堂展示和论文写作中，常常将内容搞得很"丰富"，充分表现出了他们长于利用搜索引擎获取资讯的表征，但普遍不善于将局部信息体系化为知识，从而也就不能很好地锻炼自己的从现象看本质的能力。更有甚者，他们将网站上的东西粘贴过来，中外文杂陈、格式混乱、图表模糊，无法带给人阅读的愉悦。

由表及里，也许还能引出更严肃的社会问题。黑格尔认为，审美带有令人解放的性质，是人类最高层次的需求。我国的经济建设成就举世瞩目，脱贫攻坚取得了全面胜利，消除了绝对贫困，实现中华民族伟大复兴的中国梦正在路上，每一个中华儿女都深感自豪。与此同时，我们也不能忽视富裕之后的"社会病"。况且，科教兴国、工程兴业以及成就感、幸福观等，并不能很好地问诊这些问题。市场体制难去浮华，我国的教育应该解决美育问题。人们一定会说，中国不缺美育，甚至美育过度。家长们带着孩子奔波在音乐、舞蹈、绘画、语言、手艺等琳琅满目的课外班上，几近没有休息日，有些家庭的美育从胎教就开始了。但一个不争的事实是，这些美育多数不是克罗齐所言的"风行水上，自然成纹"，更不是康德心目中的无所为而为。这样的美育，并不一定能将人培养成为自己心灵的主人。

因此，美育应当还其本性。

总之，笔者认为，中小微企业的发展蕴含着人类文明的进步。

笔者坚信，脚踏广袤的大地，头顶灿烂的星空，道器合一，诗在前方！

谨以此序共勉之。

刘定平

2021 年 3 月 31 日

摘要

　　本书从理论和实证两个方面去研究中小企业存在的合理性问题，实证是重点。

　　在理论研究部分，本书先对既有的关于中小企业的存在论进行述评，在分析其优劣的基础上尝试提出"生产—消费—社会"的三维思考框架。其基本内容如下：

　　从生产角度看：企业大与小的本质是生产规模问题，而生产规模又是生产方式问题。"怎样"生产虽然首先取决于"为谁"生产，但它也受制于生产力的发展水平。科学技术是第一生产力，但科学技术和生产规模之间的关系不是简单的线性关系。机器大生产和现代工业体系的形成是科学技术发展的结果。同样，当代企业的平均规模缩小，高技术小企业的大量涌现，也是科学技术的发展成果。

　　从消费角度看：需求具有非均质性，收入增加，生活水平提高以及全球化、网络化更加强化了这一点。相对于大企业对需求的共性、稳定性有较高要求而言，制造"差异"恰好是中小企业的优势，这就为中小企业的发展提供了机会。

从社会角度看：这里最突出的是政府行为，制订规则、干预经济乃至决策者的偏好，都在很大程度上影响着企业的规模和中小企业的命运。

在实证研究部分，本书以"地区经济发展水平"和"中小企业发达程度"为坐标进行正、逆双向分析，得到的结论是：一个地区经济发展水平越高，其中小企业越发达；同样，中小企业较发达的地区，其经济发展水平也较高，即区域经济发展水平同中小企业发达程度之间存在显著的互动关系。因此，中小企业的存在是合理的。

本书的创新和价值主要表现在四个方面：第一，本书专注于中小企业基本理论中的"合理性"探讨，与现有文献诠释中小企业存在和发展缘由的"存在性"分析有明显的区别。选题新颖，更加具有理论价值和实践意义。第二，本书构建了新思维框架，基于它去解读中小企业存在的必然性，较好地在观点的简约与庞杂之间实现平衡，有助于提高结论的饱满度和说服力。第三，本书引入现代统计方法，增强了结论的可信度和感知性，在一定程度上丰富了中小企业问题的研究方法。第四，在分析过程中，本书还发现、证明和概括出了其他一些具有规律性及价值的东西。如企业数量粘性、过渡型中小企业等。

本书的不足主要存在两个方面：第一，本人仅从事统计教学和研究，视野不够开阔。第二，实证数据多囿于中国河南省的抽样资料，降低了结论的效力。

A|bstract

Why the small and medium sized enterprises (SME) are necessary and even inevitable? That is to say, the being and existence of SME is of natural law. Is it true? To explore it theoretically and practically is the two tasks of this thesis. And the latter, namely to prove it through numerical facts is the main aim to study.

In the theoretical discussion part, the available views of the causes why the SME is natural are reviewed. And after that a new three–dimensional reasoning frame "production–consuming–society" has been built up. It is as follows:

From the point of PRODUCTION: Enterprises being big or small is the problem of production scale, and the latter is the problem of production mode. How to produce depends firstly on for whom the production is going, but it also be confined to the level of productivity. Science and technology are the primary productive forces. But there is no linear relationship between production scale and the technological level. Mass produce and the modern industrial system is the outcome of the technological development. That the average scale of contemporary enterprises is becoming smaller and the springing up of the high-tech small firms can also be explained well through the development of technology.

From the point of CONSUMING: Demands have got the characteristic of non-identity, and the higher income, globalization and internet strengthen this tendency greatly. Common favor and certainty from consumers are the requirements for the big enterprises and mass produce. Making difference is deadly the advantage of the small firms. This rightly shows the very reason of why SME is needed.

From the point of SOCIETY: Here the government behavior is powerful. Making rules, interventionist policies and even the preference of the governors can influence the production scale and the fate of the SME to a degree.

In the factual discussion part, the positive and negative direction studies have been carried out based on the use of the LEVEL OF THE REGIONAL ECONOMY and the FLOURISHING DEGREE OF ITS SME as two coordinate indicators. And the conclusion is: Level of the regional economy and the flourishing degree of its SME interact with each other

significantly. That is to say, where there is higher regional economic level, and there is more flourishing SME, and vice versa. So the existence of the SME is reasonable and natural.

From the above discussion, four inspirations can be derived: Firstly, the practical development of SME calls for the theoretical improvement of SME; Secondly, China needs more to develop the SME; Thirdly, Quantum views should be imported into the research of SME; And fourthly, regular dada collection should be taken as the national statistical work.

目 录

第一章

导 论

第一节　研究背景和目的

20 世纪后半期，特别是七八十年代之后，全球出现了一个新现象——中小企业的复兴，这是人们始料未及的。在大规模生产和航空母舰式的企业普遍存在的情况下，政府政策和社会环境总体上是有利于大企业的。虽然中小企业从未彻底消失，但却被边缘化，成为非主流的分散的单元了，处于中心地位的是大企业。中小企业在当今的复兴不是一般意义上的卷土重来，它不仅表现为数量在激剧增加，比重在大多数国家超过 99%，而且其经济和社会作用在迅速提高。比如，美国是大企业天堂，但令人吃惊的是，其以信息和生物等技术为中心的高技术发展却是以中小企业为领头羊的。由此可见，在其"新经济"中扮演主要角色的不是大企业而是中小企业，并且，美国有专门为中小企业服务的小企业管理局和纳斯达克（NASDAQ）市场。① "二战"后，德国社会架构最突出的特征之一就是社会市场经济制度，它将中产阶级作为这一经济体制的基石，而中产阶级的主体就是中小企业。② 意大利同样是一个经济发达的国家，但它却是中小企业王国，

---

① 曹昱，甘当善，李强. 小型企业：美国新经济的助推器 [M]. 上海：上海财经大学出版社，2003：4-5.

② 郑春荣. 中小企业：德国社会市场经济的支柱 [M]. 上海：上海财经大学出版社，2003.

其中小企业生产的产品誉满全球，出现的中小企业簇群而生的现象更是举世闻名的景观。① 从表面上看，日本的经济好像是大企业主导的，但事实并非如此。其中小企业数量占非农所有产业企业总数的99.3%，中小企业创造的增加值在55%左右，全社会从业人员中有67%是在中小企业，出口商品中的40%是由中小企业完成的。② 我国的中小企业是在一个比较特殊的环境下产生和发展的。新中国成立后，流行的是中小企业"落后论"，甚至是"消亡论"，在"赶超"战略的驱动下，大企业实际上占据着支配地位，其间虽然也有政策的调整，但总的来说，中小企业顶多是"拾遗补缺"。改革开放忽如一夜东风来，中小企业像雨后春笋般冒出来，成为我国经济发展中一道亮丽的风景线。目前，我国中小企业数量的占比已达99.3%，人均国内生产总值（GDP）的55.6%、城镇就业人数的75%均是由中小企业创造、提供的。③

与中小企业在全球的迅猛发展形成巨大反差的是，中小企业理论发展和制度建设的落后，这在我国表现得更为突出。

从理论上说，不仅是马克思，很多西方经济学家都曾在不同程度上持中小企业"消亡论"或"大企业优越论"的观

---

① 刘乃全，李勇辉，王琴.中小企业：意大利通向繁荣之路上海［M］.：上海财经大学出版社，2003.

② 王振，孙林，虞震.中小企业：日本经济活力的源泉［M］.上海：上海财经大学出版社，2003：15-20.

③ 2005年中国成长型中小企业发展报告［EB/OL］. http://finance.sina.com.cn/g/20051208/21452184128.shtml.

点。纵观历史长河，中小企业不但没有消亡，反而更加茁壮成长，这样的现实才让许多人改变原有看法，修正自己的观点。正是在这种非一般的背景下，学者们努力去探寻中小企业"不灭"的原因。在这种较为特殊的境况下去研究问题，自然就容易存在研究动机的先天偏爱和不足。并且，从既有的研究成果来看，也存在很大的局限。它突出表现在四个方面：首先，不少研究热衷于用生物学的观点来解释中小企业存在和发展的原因，分析层次较低，甚至未能超过19世纪中期的水平，难逃马克思所言的"庸俗"之嫌。其次，多数分析只是罗列现象，未能进行深入解剖，其结果是造成中小企业"不灭"的原因主次混杂，难以令人信服。再次，虽然我国一些学者在努力修正、发展马克思的大生产和小生产理论，其精神可嘉，但也不自觉地走向极端。渴望达到马克思阐述资本主义发展规律那样的境界，非要找到中小企业"不灭"的唯一缘由，过分的简约同样也难以说服他人。最后，目前有关中小企业存在理论的研究角度均是"存在的理由"，而非"存在的合理性"，并基本停留在纯理论演绎上。纵有经验实证者，也多为学者依据二手数据的勉强之为，且主要是简单描述，结论显得乏力。

与理论探讨密切相关的是制度建设。总体上看，在经济发达的国家，中小企业发展环境相对较好，法制和政策也较为稳定、健全，但同样存在政府偏好和犯规的问题。实际上，国家干预经济在一定程度上让中小企业变成了"棋子"，它们的命运经常与国内外经济形势变化相连。我国中小企业的制度建设目前还缺位较多，致使中小企业生存在一个比较恶劣的环境中，但我们仍希望中小企业能解决我国面临的许多关键问题，尤其是就业问题。

正是在这样的背景下，本书着力探讨中小企业存在的合理性问题，具体来说就是要完成两项任务：一是梳理现有的中小企业理论，尤其是其中的基本理论，即中小企业存在论，努力给出基本理论的一个基本说法；二是利用实际数据去证明中小企业存在的合理性，这一部分是本书的重点部分。

第二节　研究思路和方法

本书遵循马克思主义原理，在理论研究特别是在对现有观点的评析及核心观点的构建上，主要按照马克思的逻辑分析方法和历史分析方法进行甄别、建设。

在实证研究部分，本书将"地区经济发展水平"和"中小企业发达程度"作为两个参照坐标，通过论证两者之间存在较强的互动关系，从而得到中小企业存在是合理的结论。具体展开是沿着正、逆两条线进行的。

1. 地区经济发展水平和中小企业发达程度关系的正向分析

首先，按照国内外比较通行的做法，依据人均 GDP 的高低将我国各个地区划分为经济发达地区（人均 GDP 在 10000元及以上）、经济次发达地区（人均 GDP 在 7000~10000元）、经济中等水平地区（人均 GDP 在 5000~7000 元）、经济欠发达地区（人均 GDP 在 3000~5000 元）和经济最不发达地区（人均 GDP 在 3000 元以下）五个类别。其次，从类别出发，研究各个不同地区的中小企业是否存在显著区别。本书期望得到的结论是：一个地区经济发展水平越高，其中小企业越发达；反之，一个地区经济发展水平越低，其中小企业越落后。若能如此，本书就能从一个侧面说明：地区经济发展水平和中小企业发达程度之间存在正相关关系。

2. 地区经济发展水平和中小企业发达程度关系的逆向分析

正向思维逻辑普通、结论直白、可解释性强，但它也存在严重缺陷。例如，如果说一个地区经济发展水平越高其中小企业也越发达，则只意味着该地区中小企业的平均水平是较高的，实际上，经济发展水平高的地区其中小企业并非都发达。而平均可能是"谎言"。如果某个经济水平高的地区其中小企业呈现两极的形态，即好者很好，差者很差，此时的平均水平就像是一位巨人和一位侏儒的平均身高一样，具有数学含义但缺乏统计意义，虽然计算了但无应用价值，是一种"伪证"。因此，从方法论上看，研究只有正向思维是不够的。因此，在正向实证之后，本书进一步做逆向实证。

首先，在选取适当数量的指标基础上，将中小企业默定为发达、中等水平和欠发达三个层次；其次，将"发达程度"与"经济发展水平"进行匹配。这里的实际统计分析过程是：中小企业发达者可能被分别判划到经济发展水平不同

的区域，同样，中小企业欠发达者也可能被分别判划到经济
发展水平不同的区域，从而会出现正判和误判。本书希望得
到的结论是：正判率达到一定水平，比如75%以上。若能如
此，本书就能从另一个侧面说明：地区经济发展水平和中小
企业发达程度之间存在关系。

如果正逆两个方向的研究都能验证地区经济发展水平和
中小企业发达程度之间存在关系，那么中小企业存在的合理
性也就不言而喻了。

从方法上看，实证研究部分将传统的、现代的和较前沿
的方法相结合，既注重统计描述，也注重统计推断，有统
计演绎，也有统计归纳。在正向研究部分，以较传统的统
计描述和统计演绎为主，重点采用了相关（Correlation）分
析法，包括皮尔逊（Pearson）相关、肯德尔（Kendall）相
关和斯皮尔曼（Spearman）相关；在逆向研究部分，主要
采用了现代和较前沿的统计推断及统计归纳方法，以统计
判别（Discrimination）为主线，并嵌套了主成分（Principal
Component）分析法、因子（Factor）分析法和多步回归
（Stepwise Regression）法。

第三节　中小企业的界定

从理论上看，对中小企业的定义存在着较大分歧。一种

观点认为中小企业是相对大企业而言的，其本质是生产规模问题；另一种观点则强调企业的市场地位[①]，并援引美国的中小企业法条文，"凡是独立所有和经营，并在某事业领域不占支配地位的企业，均属于中小企业"作为根据。此外，也有观点认为，竞争力强弱应当成为界定中小企业的理论标准。[②]不过，在世界各个国家和地区的管理实践中，中小企业事实上还是被看作生产规模问题。因为规模可以通过统计指标进行较为简单的量化，便于应用，而市场地位和竞争力等则属于很强的定性概念，一般很难去定量化。

定量界定中小企业一般使用从业人数、资产总额和销售额这三个指标，但各国情况有很大差别。表1-1列出了几个有代表性的国家或机构对中小企业的定义情况。

表1-1　有代表性国家或机构对中小企业的定义

国家或机构	行业	统计指标	中小企业标准
联合国 （1993年）	制造业	从业人员	500人以下
	批发业		100人以下
	零售和其他服务业		50人以下
欧盟 （2000年）	—	从业人员	500人以下
		资产总额	7500万欧元以下
美国 （2002年）	—	从业人员	500人以下
		销售额	500万美元以下

---

① 袁礼斌.关于中小企业发展的几个基本理论问题［J］.经济学动态,2000（1）: 14-15.
② 管晓永.中小企业界定的理论标准与实践标准［J］.经济学家，2002（4）: 66.

续表

国家或机构	行业	统计指标	中小企业标准
日本 （2002 年）	工矿业	从业人员	300 人以下
		资本金	1 亿日元以下
	商品批发业	从业人员	100 人以下
		资本金	3000 万日元以下
	零售和服务业	从业人员	50 人以下
		资本金	1000 万日元以下

资料来源：张俊喜，马钧，张玉利.中国中小企业发展报告 No.1［M］.北京：社会科学文献出版社，2005：31.

新中国成立后，我国对企业规模的界定经历了六次大的调整。第一次在新中国成立初期，用固定资产价值来划分。第二次在 1962 年，将划分标准改为从业人数。第三次在 1978 年，用较为全面的"综合生产能力"指标代替从业人数。第四次在 1988 年，在考虑行业特点的基础上，用以实物量反映的生产能力和固定资产原值来划分企业规模。分为四类六档，即特大型、大型（大型一档和大型二档）、中型（中型一档和中型二档）、小型，共计 150 个行业标准。第五次在 1999 年，将指标重新改为较为简单的销售收入和资产总额，企业规模还是四类，即特大型、大型、中型、小型，但对大型和中型没有再做进一步的细分。其中，年销售收入和资产总额均在 5000 万元以上、5 亿元以下范围内的企业为中型企业，年销售收入和资产总额均在 5000 万元以下的企业为小型企业。上述各种标准只针对工业企业，并不适用于商

业、交通运输业、建筑业和其他服务业等。[①] 第六次在 2002
年 6 月，我国颁布了新中国成立以后第一部中小企业促进法。
在这一新形势下，原国家经贸委、国家计委、财政部和国家统
计局于 2003 年 2 月联合出台了新的《中小企业标准暂行规定》。
该规定将中小企业所在的行业扩展为七类，界定统计指标为从
业人员、销售额和资产总额三个，具体如表 1-2 所示。

表 1-2　我国对中小企业的定义

行业	统计指标	中小企业	小型企业
工业（包括采矿业、制造业、电力、燃气及水的生产和供应业）	从业人员	2000 人以下	300 人以下
	销售额	30000 万元以下	3000 万元以下
	资产总额	40000 万元以下	4000 万元以下
建筑业	从业人员	3000 人以下	600 人以下
	销售额	30000 万元以下	3000 万元以下
	资产总额	40000 万元以下	4000 万元以下
批发业	从业人员	200 人以下	100 人以下
	销售额	30000 万元以下	3000 万元以下
零售业	从业人员	500 人以下	100 人以下
	销售额	15000 万元以下	1000 万元以下
交通运输业	从业人员	3000 人以下	500 人以下
	销售额	30000 万元以下	3000 万元以下
邮政业	从业人员	1000 人以下	400 人以下
	销售额	30000 万元以下	3000 万元以下

① 张俊喜，马钧，张玉利.中国中小企业发展报告No.1[M].北京：社会科学文献出版社，
2005：31.

续表

行业	统计指标	中小企业	小型企业
住宿和餐饮业	从业人员	800 人以下	400 人以下
	销售额	15000 万元以下	3000 万元以下

资料来源：新华网，http：//news.xinhuanet.com/zhengfu/2003–03/07/content_764043.htm。

在我国这一新规定中，中型企业和小型企业仍然是可以分开统计的，中型企业必须同时满足指定的三个或两个条件。具体情况是：在工业行业中，中型企业须同时满足职工人数 300 人及以上，销售额 3000 万元及以上，资产总额 4000 万元及以上；在建筑业行业中，中型企业须同时满足职工人数 600 人及以上，销售额 3000 万元及以上，资产总额 4000 万元及以上；在批发行业中，中型企业须同时满足职工人数 100 人及以上，销售额 3000 万元及以上；在零售行业中，中型企业须同时满足职工人数 100 人及以上，销售额 1000 万元及以上；在交通运输行业中，中型企业须同时满足职工人数 500 人及以上，销售额 3000 万元及以上；在邮政行业中，中型企业须同时满足职工人数 400 人及以上，销售额 3000 万元及以上；在住宿和餐饮行业中，中型企业须同时满足职工人数 400 人及以上，销售额 3000 万元及以上。其余则为小型企业。

显然新的界定标准较为合理，但至今，我国也未按这一规定对全范围的中小企业进行过统计，使得本书必须采用新规定之前的数据。因此，在实证部分，本书对中小企业的界定采用的仍然是旧标准，并只局限于对中小工业企业进行分析。

第四节　统计指标的构建与诠释

实证研究部分最基础、最关键的工作就是构建统计指标体系。正向统计分析主要依赖于现有的次级数据进行，基本不存在重新构造指标的任务，主要是寻找合适的统计分析方法。逆向研究部分则有很大的不同，它面临着双重任务。首先，构建出能衡量中小企业发展水平高低的统计指标，这一步十分重要，如果没有统计指标，再科学、再先进的定量分析方法都将失去前提；其次，选取恰当的统计分析方法。

为了较准确地评判中小企业的发达程度，兼顾科学、全面和数据可获得性等方面的要求，本书设计出四类共 11 个统计指标，如表 1-3 所示。

表 1-3　评判中小企业发达程度的四类 11 个统计指标

指标类别	指标名称
资本类	人均资产拥有量（千元/人，X_1）
	资产负债率（%，X_2）
经济效益类	产品产销率（%，X_3）
	人均销售收入（千元/人，X_4）
	人均利润（千元/人，X_5）
	资产贡献率（%，X_6）

续表

指标类别	指标名称
企业创新类	研究开发（R&D）费用占销售总收入的比重（%，X_7）
	人力资本开发投资率（%，X_8）
	技术进步贡献率（%，X_9）
	职工人均计算机拥有量（台/百人，X_{10}）
经营外向度类	出口收入占销售总收入的比重（%，X_{11}）

在表 1-3 中，资本类指标旨在反映企业的规模、实力和资本结构，它由人均资产拥有量（X_1）和资产负债率（X_2）两个指标组成。人均资产拥有量通过将企业拥有的总资产与企业职工人数对比计算得到。总负债是指企业所承担的能以货币计量，需以资产或劳务偿付的债务，将其与企业总资产对比就得到资产负债率。

经济效益类指标包括产品产销率（X_3）、人均销售收入（X_4）、人均利润（X_5）和资产贡献率（X_6）四个指标。产品产销率为实物指标，它表示全部产品中已经售出的比例。人均销售收入为营业收入与期末在岗职工人数之比。人均利润为利润总额与期末在岗职工人数之比，若亏损，用负值表示。资产贡献率是用企业利税总额与资产总计相比得到的，也可以称之为资产利税率。

当今，中小企业的崛起很大程度上与其创新能力有关，因此，与经济效益类指标一样，本书也构建了 4 个企业创新类指标。它们涵盖了企业创新投资力度和效果、人力资源的开发和管理，以及对中小企业来说目前属于标志性的创新管理工具即计算机的拥有情况。以求能通过较多的指标，从不同侧面较充分地表达创新在中小企业中的分量和它在本研究中的地位。研究开发（R&D）费用占销售总收入的比重（X_7）是指调查数据中的年研究开发费用与其年营业收入的比例。人力资本开发投资率（X_8）是指企业用于职工培训的费用占职工工资总额的比重。技术进步贡献率（X_9）是指企业新产品或利用新技术生产的产品的销售额占全部销售额的比重。职工人均计算机拥有量（X_{10}）是指企业期末计算机拥有量与其在岗职工人数的比。

中小企业也是各国进出口贸易中十分活跃的成分，因此，本书专门设置了反映中小企业经营外向程度的指标。但考虑到出口型企业在整个中小企业中所占的比例目前较低，再加上出口收入占销售总收入的比重（X_{11}）这一指标具有很好的综合性和代表性，故该类指标虽然只有一个，但基本上可以体现中小企业的对外经济联系状况。

综观上述四类 11 个指标，从性质上看，既有价值指标，又有实物指标；有从企业人力角度的考察，也有从资本角度的考察；有利润这一比较直接的效益考察，也有总收入和利税总额这一比较间接的效益度量。11 个指标中有10 个属于统计正指标，其数值的大小与企业发展水平的高低为同向关系，剩下一个则可以看作是统计中性指标，那就是资产负债率。资产负债率是一个具有双面作用的统计指标，一方面，它具有正面作用，能反映企业的资本结构，是企业运营中重要的财务和风险监控指标，业绩优良的企业常常也有较高的负债率；另一方面，它也具有很强的负面效应，尤其是在金融市场不发达的情况下，较高的负债，常常是企业经营不善，甚至倒闭的征兆。本书遴选出该指标，主要是取其积极意义，尤其是对我国中小企业而言，目前阻碍其发展最突出的问题之一就是融资困难，从而表现出普遍的低负债率。反过来看，较高的负债率往往能从侧面表达出企业较好的业绩。不仅如此，对一个地区而言，如果中小企业的负债率普遍较高，则说明其中小企业融资市场较发达，经济发展水平较高，中小企业也就相对发达。

最后，需要补充说明的一点是，本书原定设置企业人均增加值或人均产品产量等直接反映企业劳动生产率的指标，可因原始数据缺乏而作罢。但正如前述，这里的四个效益指标都已经可以从不同角度间接反映企业的劳动生产率高低，因此，不设置该指标的损失可以忽略。

第五节　数据来源与说明

实证研究部分的数据来源主要有两个：一是《中小企业发展问题》问卷调查结果，二是南开大学中小企业研究中心的研究成果。下面对它们进行简要说明。

在德国大众基金的资助下，2000 年我国成立了中德实证经济合作项目，《中小企业发展问题》问卷调查就是其中的一个专题研究项目。项目组成员包括国务院发展研究中心中国企业家调查系统、国家信息中心中经网、国经中小企业发展战略研究中心、北京市国际经贸研究所、德国 IFO 经济研究所、德国维滕（Witten）大学、德国杜伊斯堡（Duisburg）大学等单位。项目组于 2000 年 6 月和 11 月进行了两次试调查，内容涉及中小企业融资、营销、技术创新和人力资源 4 个主题，之后于次年 4 月和 8 月分两次进行了主调查。样本覆盖北京、广东、福建、浙江、河南、湖南、四川、陕西、江西、贵州十个省份，共 27 个地区。从样本单位的构成来看，经济发达地区占 26.1%、经济次发达地区占 14.0%、经济中等水平地区占 10.8%、经济欠发达地区占 35.4%、经济最不发达地区占 13.7%；从所有制构成来看，国有企业占 33.4%、集体企业占 16.0%、股份合作企业占 4.8%、联营企业占 1.3%、有限责任公司占 19.7%、股份公司占 4.2%、私营企业占 7.0%、外商及港澳台投资企业占 13.4%、其他内资企业占 0.2%；从行业构成来看，食品业占 10.7%、纺织业占 11.1%、轻工业占 11.7%、化工和医药业占 11.5%、建材业占 10.6%、冶金业占 2.9%、机械业占 19.5%、电子及仪表业占 3.0%、其他行业占 19.0%；从企业职工人数来看，被调查的企业中职工人数为 500 人以下的占 86.8%，其中，50人以下的占 16.5%、50~200 人的占 43.2%、200~500 人的占 27.1%，500 人及以上的占 13.2%；从企业营业规模看，被调查的企业中年销售收入低于 3000 万元的占 85.8%，其中，

100 万元以下的占 10.6%、100 万 ~500 万元的占 20.1%、500 万 ~1000 万元的占 23.0%、1000 万 ~3000 万元的占 32.1%、3000 万元及以上的占 14.2%。调查由国家统计局企业调查总队，各省、直辖市企业调查队按照统一抽样方案组织实施，第一次主调查收回有效问卷 1606 份，第二次主调查收回有效问卷 1540 份，合并后收回有效问卷 1536 份，问卷有效率为 93%。该调查是我国历史上范围最广、最具权威性的国家级中小企业调查，时至今日，仍未有超越者。该调查的主要研究结果和汇总数据已经公开发布。[①]

在南开大学"211 工程"项目的资助下，南开大学中小企业研究中心完成并出版了《中国中小企业发展报告 No.1》，[②] 蒋正华、吴敬琏、邱晓华和苏波等担任该书的名誉主编或顾问。其研究成果所依托的数据主要来自国家统计局工交司，其他也来自前述的《中小企业发展问题》问卷调查结果。经过他们的汇总整理，使 2001~2003 年的中小企业资料更加丰富，该研究成果的整体水平可以说是超过了著名的"中国中小企业发展与预测"的系列成果，[③] 也为本书提供了较好的辅助数据支持。

---

① 国家统计局企业调查总队.风物长宜放眼量——中小企业发展问题研究［M］.北京：中国统计出版社，2003.

② 张俊喜，马钧，张玉利.中国中小企业发展报告No.1［M］.北京：社会科学文献出版社，2005.

③ 陈乃醒.中国中小企业发展与预测（1999）［M］.北京：民主与建设出版社，2000；陈乃醒.中国中小企业发展与预测（2000）［M］.北京：民主与建设出版社，2001；陈乃醒.中国中小企业发展与预测（2002 ~ 2003）［M］.北京：经济管理出版社，2002.

第六节　创新与不足

本书的创新与价值主要表现在以下四个方面：

第一，论文选题与现有的成果存在显著区别，从而具有新颖性。本书专注于中小企业基本理论（即存在论）中的最重要部分（即合理论）的研究，这与现有文献几乎都是在研究中小企业存在的缘由（即因果论）有重要的区别。对中小企业存在原因的探讨当然是必要的，但对中小企业存在的合理性研究则应当更加具有理论价值和实践意义。

第二，本书钩沉历史，梳理理论，在较客观评析的基础上，遵循马克思主义原理，努力给出中小企业基本理论的基本说法。本书首先对现有的中小企业存在理论进行简要述评，在认真研习《资本论》的基础上，尝试在"生产—消费—社会"的框架下，"三位一体"地去揭示中小企业存在的必然性和合理性，力图在观点的庞杂与过分简约之间获得平衡，提高理论的概括力和层次性。这一做法与结论目前还未见诸于各种文献。

第三，本书基于原始资料库，利用先进的现代统计方法，从正、逆两个角度去证明中小企业存在的合理性，这一做法同样也未见诸于各种文献。本书比较显著的特点是在研究方法上的创新，主要表现在两个方面：一是引入较前沿的统计方法；二是采取正、逆两条主线去分析，实现了统计描述和统计推断、统计演绎和统计归纳、传统统计和现代统计等不同方法的有机结合。这不仅在一定程度上提升和丰富了中小企业问题研究的方法论，也在一定程度上增强了结论的说服力和感知性。

第四，本书在研究过程中提出了一些新观点、新概念。比如，通过统计分析发现，无论是从规模还是结构上考察，一个地区的大企业数量越多，中小企业数量也越多，而中小企业数量占全部企业总数的比重却与地区经济发展水平几乎无关。这一计算结果不仅较好地显示、实证了大中小企业的"共生"现象和"共生"理论，还进一步揭示了本书提出的"企业数量粘性"。又如，本书还发现，中等发展层次的中小企业地区属性不强，即很难将其归属到经济中等发达程度的地区，本书将这类企业命名为"过渡型中小企业"。中等经济发达程度与中等发展层次的中小企业关联度弱，它表达的可能不仅仅是企业的类属性不强这一表体特征，很有可能在较深层次上体现了企业发展的一般轨迹和规律性，那就是企业发展的两极态势，要么较好，要么较差，很难稳定在中等发展层次上。再如，本书的统计分析还发现了这样一个特点：发达地区中小企业的聚类性较差，而欠发达地区中小企业的聚类性较强，即强的中小企业各异，差的中小企业相似。此外，本书在最后指出，对中小企业这一比较具象的问题进行研究，应适当有一些量子思维，在关注"本质"问题时，更应该注重研究本质的"手段"，"手段"的"科学"比对"本质"的质问更关键、重要。方法科学，结论就应当是可信的。思维方式的改变和革新，有助于中小企业问题的研究以及问题的最终解决。本书将"经济发展水平"与"中小企业发达程度"在"科学"的统计方法下进行双向实证分析，中小企业存在的"合理性"也就自然得到了证明。这些想法和它在中小企业问题研究中的应用，在一定程度上具有思维逻辑应用的创新性和价值。

本书也存在明显的不足，它主要表现在以下两个方面：

第一，本人从事统计教学和应用经济问题的定量研究，理论功底不足，视野不够开阔。因此，在本书的理论部分，述评比较充分，而新观点的构建还只是尝试，不够深入，有待进一步提高。

第二，本书实证分析部分中的正向研究基于中国数据进行，由于数据的匮乏和断档，逆向研究囿于河南省的抽样资料。这在一定程度上降低了实证的效力。因此，不能简单地将本书的结论加以延伸，待条件具备后，本人将继续对其进行跟踪研究。

第二章

中小企业存在的合理性理论

第一节　主流经济学的一般性阐释

一、斯密定理的悖论与规模理论的滥觞

严格地说，作为经济学宗师，亚当·斯密（Adam Smith）那里并不存在企业理论。这主要是由两个方面的原因决定的：一方面是古典经济学家只能关心最基本或者说更加原生的问题，那就是社会分工及其与经济增长的关系；另一方面是当时没有典型的垄断，企业的大与小不会引起人们的格外关注，不存在现在人们所说的市场结构和企业规模等特殊问题，抑或说不会出现因市场结构所导致的经济效率问题。因此，在《国富论》开篇，斯密就写道："劳动生产力上最大的增进，以及运用劳动时所表现的更大的熟练、技巧和判断力，似乎都是分工的结果。"① 但在该书的第一篇第三章开头，斯密又进一步写道："分工起因于交换能力，因此分工的程度总要受交换能力大小的限制，换言之，要受市场广狭的限制。"② 后人将斯密的"劳动生产率的提高源于分工，分工程度又受制于市场规模"的这一思想称为斯密定理。

如果从市场结构的角度将斯密定理延展开，就会得到一

①②　斯密.国民财富的性质和原因的研究（上册）[M].郭大力，王亚南译.北京：商务印书馆，1972：5，16.

个矛盾的结论：如果分工受制于市场，并且存在企业这种组织形式，分工能进行的最低条件应是市场容量至少大到一个企业可以成立；一种产品的市场规模只要足以支撑起一个企业的建立，那么，也就有可能只由一家企业来生产这种产品。因此，典型的市场结构应当是趋向垄断而非竞争的。这与自由主义的经济思想是矛盾的，与斯密学说是矛盾的，也与古典经济理论产生的时代背景相矛盾。这就是著名的斯密悖论。

斯密定理及其悖论不仅引起经济学究竟是关于社会分工的学问还是资源分配之学这一由来已久的争论，还诱致出经济增长的源泉是社会分工还是生产规模这一常新的话题。后者的讨论在最近十几年变得尤为激烈，而它与企业理论，尤其与企业的大与小直接关联。因此，斯密学说中虽然没有企业理论，但如果说企业规模之争发源于斯密定理及其悖论应当是成立的。

二、马歇尔困境与市场结构理论的浮出

最早深刻认识到斯密悖论并力图给予解释的人，就是新古典主义经济学的代表人物马歇尔（A.Marshall）。与斯密所处的工厂手工业时期不同，马歇尔生活在典型的机器大工业时代，并且目睹了典型的垄断和跨国公司，规模经济自然就成为其经济学中无法回避的主题，企业的大与小在其眼中也就有了清晰的轮廓。企业走向垄断，规模生产成为经济增长的动力，自由竞争与垄断出现了矛盾，这种矛盾在当时比较简单的经济理论框架中无法调和，人们称之为"马歇尔冲突"。

"马歇尔冲突"表明经济理论无法回避市场结构问题，不得不探讨经济规模问题，其实质就是大企业与小企业问题。不过，马歇尔对企业规模的认识前后曾有巨大变化，在其《经济学原理》的初版中，他认为企业的发展是大企业代替小企业的过程，并明确指出要通过大机器生产的竞争，淘汰和消灭以工厂手工业和家庭手工业为代表的小型企业。[①] 但从该书第二版开始，[②] 他的观点已经由"中小企业淘汰论"转变为"中小企业存在论"了，并以著名的"森林故事"举例，形象地表达了自己的观点。他写道："我们可以从森林中新生的树木，从老树的浓荫中用力向上挣扎的情况得到教训。许多新生的树木中途夭折了，只有少数得以生存；这些少数生存的树木一年比一年壮大，它们的高度每有所增加，就可多得一些阳光和空气，终能耸然高出邻近的树木之上，似乎它们永远会这样生长下去，随着它们这样生长，似乎永远壮大下去。但是，它们却不是这样。一株树比另一株树能维持活力较久和较为茂盛；但是，迟早年龄对它们是有影响的。较高的树木比它的竞争者，虽然能得到更多的阳光和空气，但它也逐渐失去生命力，相继地让位于物质力量虽然小，但青春的活力却较强的其他树木。"[③] "树木的生长是这样，在大股份公司的近代巨大发展之前，企业的发展原理上也是这样。"[④] "现在，这个原理已不普遍了，但在许多工业和商业中，它仍然是有

① 李庚寅，黄宁辉.中小企业理论演变探析［J］.经济学家，2001（3）：98.

② 林汉川，魏中奇.中小企业存在与发展［M］.上海：上海财经大学出版社，2001：4.

③④ 马歇尔.经济学原理（上卷）［M］.朱志泰译.北京：商务印书馆，1964：325.

效的。"①

由此可见，马歇尔的理论不仅具有明确的企业规模观念，而且能在一定程度上认识到中小企业存在的必然性。但同时也应看到，他是在使用达尔文的进化论来解释企业兴衰的动态过程，从而从静态层面上诠释了大、中、小企业的并存局面。

不仅如此，马歇尔还首创了内部经济和外部经济的概念，并使用前者来说明大企业存在的优势，而使用后者来说明小企业存在的合理性，他写道：外部经济"往往能因许多性质相似的小型企业集中在特定的地方，即通常所说的工业地区分布——而获得。"②

三、张伯伦和罗宾逊夫人的垄断竞争论与中小企业存在的必然性

20世纪30年代，张伯伦（E.Chamberlin）和罗宾逊夫人（Mrs.Robinson）分别在美国的剑桥（哈佛大学）和英国的剑桥（剑桥大学）对以马歇尔为代表的传统经济学的完全竞争或完全垄断的分析框架提出挑战，认为现实中的市场既非完全竞争的，也非完全垄断的，张伯伦认为合适的名称应是垄断竞争，而罗宾逊夫人则将其称为不完全竞争。在张伯伦的《垄断竞争理论》中，他用整章的篇幅讨论产品的差别对于垄

① 马歇尔.经济学原理（上卷）[M].朱志泰译.北京：商务印书馆，1964：326.
② 马歇尔.经济学原理（上卷）[M].朱志泰译.北京：商务印书馆，1964：280.

断竞争的意义，细致到专利和商标的作用，揭示了既"排除垄断"而又"消除竞争"的市场形态，并将其称之为准垄断（quasi-monopoly），由此展开其价值理论分析。[①] 罗宾逊夫人则主要从参与市场竞争的具体条件不同，如拥有要素的种类、数量和质量、销售时间与技巧、地理条件等区别进行分析，最终都能对价格产生一定程度的影响力，[②] 从而也就出现了不完全竞争。

垄断竞争理论虽然没有专门论及中小企业的篇章，但其理论却包含或者说能从中直接演绎出不同规模企业存在的必然性。那就是：市场如果是完全竞争性的，则必然存在无限多的企业，企业规模应当普遍为偏小型；反之，市场如果是完全垄断的，企业数量就应当较少，并且为较大型；如果市场是垄断竞争性，且特别强调产品差别或竞争条件不同的作用，中小企业就同样具有垄断的禀赋，甚至可以说，中小企业在"制造"差别上更具优势，中小企业的存在也就成为必然。

四、最佳规模和施蒂格勒的"碟型"成本理论

在当今主流经济学的厂商理论分析框架中，规模经济是一个非常关键的范畴。实际早在 1848 年，穆勒（J.Mill）就在其《政治经济学原理》一书中就设有专门的章节"论大规

---

① 张伯伦.垄断竞争理论［M］.郭家麟译.北京：三联书店，1958：59，61.
② 林汉川，魏中奇.中小企业存在理论述评［J］.经济学动态，2000（4）：76.

模生产和小规模生产"，讨论了规模经济与大规模生产的关系问题。在将农业大面积耕作和小面积耕作各自的优劣进行比较后，穆勒认为，在规模生产不可避免的同时，"我们现在肯定不再会认为小地产和小农场与农业进步势不两立了"。①由此，他还进一步认为，大规模生产的优势不一定在任何情况下都能超过中小企业，尤其在适应性强，业主和雇员兢兢业业以及对较小利益极为关注等方面，都是中小企业突出的优越性和其存在的主要原因。

1931 年罗宾逊（E.Robinson）在其《竞争产业的结构》中，对规模经济的一般提法进行了修正，提出"最佳规模"观点。他认为，虽然大规模经营具有许多优点，但并非规模越大越好，过之，反而会出现收益递减现象。其原因主要有两个：一是大规模经营可能出现低效率。随着企业规模的扩大，企业管理层趋于复杂，容易产生官僚主义和导致企业内信息传递的扭曲，致使企业决策效率下降和市场机会的丧失。二是分工深化的制约。罗宾逊认为分工虽然可以提高生产效率，但分工如果过细将会提高技术的复杂性和协作的非经济性，使成本增加，生产效率下降。因此，分工并非越细越好。由此，罗宾逊认为，随着企业规模扩大，其管理费用也会增加，在企业规模的某一点上，企业规模经济优势将会被其管理费用的增加所抵消。企业经营存在一个最佳规模，那就是长期费用的最低点，这一规模不一定就是大规模，因

---

①　穆勒.政治经济学原理及其在社会哲学上的若干应用［M］.赵荣潜等译.北京：商务印书馆，1991：178.

此，中小企业就有了存在的可能性。[1]

美国芝加哥学派的经济学家、诺贝尔经济学奖获得者施蒂格勒（G.Stigler）在其 1958 年发表的论文《规模经济》中运用自己提出的生存技术研究法，通过大量实证得到的结论是：某一行业的最佳生产规模往往是一个区间而非通常假定的一个点，因此，厂商的长期平均成本曲线不是"U 型"，而是"碟型"，这就意味着，在最佳规模处存在着不同的产量，从而也就存在着不同规模的企业。施蒂格勒对其"生存法则"还进一步解释道：若企业在某一规模下能在竞争中长期生存下来，则表明它在该行业中是有效率的；进一步地，如果某一规模的企业数量（或产出量）在该行业中所占的比重上升最快，此规模就是最佳规模。[2] 由此可见，施蒂格勒不仅发展了罗宾逊的"最佳规模"理论，并且给出了中小企业存在可能性的更加一般性的理由。

在施蒂格勒的"最佳规模论"的基础上，日本的末松玄六结合日本的实际情况，在其《中小企业经营战略》（1971）一书中又进一步提出了"最适度规模论"，[3] 并将其区分为最大收益规模的最适度规模（OSMRS）和最大效率规模的最适度规模（OSMES）。前者用绝对指标去反映，如绝对收益，特别是利润额的大小等；后者则综合考虑平均成本、销售利润率、总资本的增加值率等，更多的是属于相对指标。只有

---

① 陈胜军，杨松华.中小企业生存理论初探［J］.经济问题，2000（2）：6-7.

② 李庚寅，黄宁辉.中小企业理论演变探析［J］.经济学家，2001（3）：99.

③ 马刚.中小企业生存与发展理论述评［J］.中央财经大学学报，2001（11）：57.

OSMES 才是企业竞争力的真正体现，是规模优劣判别的根据，并且它与 OSMRS 一般不会重合。而 OSMRS 到 OSMES 之间通常存在一个"大地带"，于是，也就为中小企业提供了较为广阔的生存空间。

第二节　社会分工论

一、产业分工论

施太莱（E.Staley）和莫斯（R.Morse）基于美国的产业组织结构，从技术和经济两个方面去分析生产成本、规模经济、市场特性及地缘区位等因素，认为产业不同，其经营规模也应不同。他们综合这些因素，归纳出适合中小企业经营的八种产业，即原料来源分散的产业、生产地区性产品的产业、服务性产业、可分割制造过程的产业、手工制品业、简单装配和装饰工艺产业、生产特异性产品的产业、产品市场小的产业等。[①]1965 年他们还出版了《适合发展中国家的现代小型产业》。

日本学者太田一郎在其著作《现代中小企业的活力与新生》（1985）中，将经济部门分为集中型和分散型两种。前者主要包

---

① 林汉川，魏中奇.中小企业存在理论述评［J］.经济学动态，2000（4）：77.

括三类：使用大型设备和需要巨额投资的产业、生产大型产品及成套设备的产业、产品适于均匀而大量生产的产业；后者也主要有三类：适合多品种和小批量生产的消费品产业、与大企业相关的生产资料加工产业和零部件生产部门、高运输费用和高库存费用或不稳定的销售波动产品的生产部门。并认为前者适于均匀而大量生产的部门，即使中小企业独立存在，其市场占有率也很低，从性质上讲，它往往是原材料等上游产业；后者则适合小企业经营，在技术的复杂性方面，从高技术的太阳能取暖业到家庭手工业悬殊很大，其一般是下游加工产业。[①]

二、中心—外围论

艾夫里特（R.Averitt）认为现代经济的典型特点之一是，存在以垄断企业为核心的中心企业和处于其周围的中小企业两大群体。中心企业是大规模和多元化的跨国公司，具有垂直合并企业间关系。外围是规模较小、市场密度较低、经营期短和生产成本较高的企业。他还将外围小企业进一步区分为卫星企业、忠实的对立企业和自由独立企业三种。卫星企业对大企业是一种从属依附关系；忠实的对立企业是一种竞争性外围小企业，有可能成为大企业的市场竞争对手；自由独立企业是十足的小竞争企业。[②]

---

① 沈玉良，浦再明，黄辉.中小企业产业选择［M］.上海：上海财经大学出版社，2001：52-53.

② 李庚寅，黄宁辉.中小企业理论演变探析［J］.经济学家，2001（3）：102.

从实践来看，美国的"中卫"模式和"特许经营"模式就属于比较典型的"中心—外围"结构。"中卫"模式是指以一个大企业为中心联结起众多的中小企业，形成一个以大企业为纽带，小企业进行烘托的众星捧月式的企业格局。"中心"和"卫星"是以产业的分工和协作为基础的，表现在：产品生产的整体战略、核心工艺设计、原材料的购进与初步加工、最终产品的形成、质量控制以及产品的最后分销等一般均由"中心"大企业垄断，而许多子工艺、配套产品以及产品的进一步加工等由各个"卫星"小企业完成。[①]"特许经营"模式是美国中小企业运营最突出的特点之一。所谓特许经营，是指一家制造商或者供应商与一家独立的小企业订立合同，由前者（称为特许权人）制订后者（称为受特许人）在一定时期和一定地区内以前者名义并采用特定方法经销其产品或服务。[②]

三、系列化理论

该理论源自日本，主张以大企业为顶点，以中坚企业为骨干，以广大中小企业为基础形成"垂直型"分工与协作方式。

在日本很流行的"下请分业"模式正是系列化最典型的表

[①] 林汉川．WTO 与中小企业转型升级［M］．北京：经济管理出版社，2002：50-51.

[②] 曹昱，甘当善，李强．小型企业：美国新经济的助推器［M］．上海：上海财经大学出版社，2003：25-26.

现。处于被大企业委托一方的中小企业被称为"下请企业"，"下请"的核心实际是分包和转包，小企业承担上一级中型企业的委托，中型企业又承担更上一级的大企业的委托生产产品。大企业通过向中小企业提供订货、技术指导和信用等方式，将中小企业纳入自己的生产体系，中小企业一旦成为"下请"企业，就会在大企业的监督、指导和扶持下专门为大企业生产零部件或提供某种服务。①

四、市场缝隙论

在美国的研发型风险企业广泛发展并且其作用越来越大的背景下，霍兰德（E. Hollander）在《中小企业的未来》一书中指出，在市场和技术变化的作用下，尽管使资源和经济力量向巨大企业集中，但因为要弥补大规模生产和大量流通之间的缝隙，给中小企业的发展创造了机会。对于许多领域，在相对参入自由的动态经济中，某一领域大企业的巨大性与其他领域中小企业的存在绝不矛盾。只要生产、流通和市场技术适应市场扩大的需要而不断变化，企业合并与分化的交互作用就会为中小企业创造出发展的机会。中小企业可充分发挥"产品差异化"形成的专业技术和经营管理能力，寻找市场"缝隙"。由于技术革新和市场的动态结合所导致的服务经济化与科技创新的发展，为中小企业带来了新的缝隙市场。

---

① 王振，孙林，虞震.中小企业：日本经济活力的源泉［M］.上海：上海财经大学出版社，2003：35-39.

结果，大企业越来越大，小企业越来越多。①

五、零散产业论

零散产业的概念是由美国学者波特（M.Porter）在其《竞争战略》一书中提出的，他认为："零散产业是一种重要的结构环境，在其中，有许多企业在进行竞争，没有任何企业占有显著的市场份额，也没有任何一个企业能对整个产业的发展具有重大的影响。在一般情况下，零散产业由很多中、小型企业构成，其中许多是私人控制的。"②

波特认为造成产业零散的原因有很多，但在很多产业中，其原因是基本经济因素，主要包括：总的进入壁垒低、不存在规模经济或经验曲线、高运输成本、高库存成本或不稳定的销售波动、与顾客和供应商交往时无规模优势、某些重要方面的规模不经济性、多种市场需求、高度的产品差异化、退出壁垒、地方法规、政府禁止集中、新产业等。

波特是从产业升级角度来讨论零散产业的，目的是进一步提出克服零散、对付零散的战略，不是专门探讨中小企业存在原因的，但在其叙述中，还是十分明显地包含着"永远做不大的产业"观点，是社会分工的必然结果与直接结果。

---

① 张玉利，段海宁. 中小企业生存与发展的理论基础［J］. 南开管理评论,2001(2)：6.
② 波特. 竞争战略［M］. 陈小悦译. 北京：华夏出版社，2005：181-201.

六、二元结构体系论

美国新制度学派代表人物加尔布雷斯在《经济学和公共目标》（1973）一书中指出：现代美国资本主义经济并非单一的模式，而是由计划体系和市场体系组成的二元经济结构体系。计划体系由当时一千家左右的大企业组成，按计划进行生产和销售，并依靠其强大的经济力量与政治上的特权，控制了价格和市场。市场体系则是由 1200 万个分散的中小企业组成，受市场规律支配。他认为，有些生产活动可以由大企业来完成，有些却适宜于中小企业去做，并列举了四个方面的原因：第一，有些工作是无法标准化的，地区分布也极为分散；第二，对个人的直接服务依然存在较大需求，这类服务所需的技术、资金有限，大规模组织无用武之地；第三，涉及艺术的行业；第四，有些商品受法律、行会或工会歧视，或受技术方面的约束，不得不以中小规模经营。并且，加尔布雷斯还强调，由于上述两大体系在权利与收入分配上的不平等，市场体系在很大程度上屈从于计划体制，从而使社会资源配置失调，贫富悬殊，经济发展不平衡，污染严重。政府有责任采取行动，通过制度改革，实现两大体系之间的平衡。[①]

不过，加尔布雷斯的思想是复杂的，虽然他认为中小企业存在是必要的，但其根深蒂固的思想还是大企业主导论。

---

① 李庚寅，黄宁辉. 中小企业理论演变探析［J］. 经济学家，2001（3）：103.

第三节　技术创新论

在论述中小企业在当今迅速发展的原因及其重要作用时，被提到最多的理由是中小企业的创新功能，甚至有人认为它是高技术的摇篮，并将那些规模小而势力强的企业美誉为"小巨人"。这与 20 世纪前半叶的情况形成鲜明对比。

熊彼特（J.Schumpeter）和创新理论几乎是同义语，但作为创新理论代表人物的他，却是典型的小企业厌恶者和"大企业优越论"鼓吹者，他甚至认为中小企业的创新作用是虚构的。他在《资本主义、社会主义和民主》一书中写道："一俟我们深审细节，去探究进步最为瞩目的个别项目时，引导我们的线索不是把我们带到在比较自由竞争条件工作的那些企业的门前，而是明确地把我们带到大公司门前。"[①] "我们必须接受的是，大规模控制企业已经成为那种进步的最强有力的机器。"[②] "就这方面来说，完全竞争不但不可能而且效果不佳，它没有资格被树立为理想效率的典范。"[③]

熊彼特的观点在 20 世纪前半期具有支配地位，即便如

[①②]　熊彼特.资本主义、社会主义和民主［M］.吴良健译.北京：商务印书馆，1999：145.

[③]　熊彼特.资本主义、社会主义和民主［M］.吴良健译.北京：商务印书馆，1999：176.

此，不少学者通过实证分析，持有与其相左的观点。1963年，瑞士学者曼斯菲尔德（E.Mansfield）对 1918~1958 年的钢铁、炼油和沥青煤等产业的重大创新进行了研究，得出的结论是：在沥青煤和炼油业中，4 个最大企业拥有的创新数的比例远远大于它们的市场产出额，而钢铁业的情况恰恰相反。这就说明，技术创新和垄断的关系在不同行业中情况不同。1968 年，曼斯菲尔德考察了更多的产业，但并没有发现研究与开发的规模经济性。[①] 1965 年，美国学者谢勒尔（F.Scherer）通过对 1955 年《幸福》杂志列出的 500 家最大企业中的 448 家进行分析后得出：企业专利的强度与企业规模的大小并没有明显的正相关；市场集中度对专利的影响不显著；专利的强度或研发人员与企业利润也没有明显的联系。[②] 这样，他们就从总体上否定了熊彼特的观点。

20 世纪后期，小企业在高技术领域的创新业绩格外引人注目，它在美国的表现更为突出。从 20 世纪初到 20 世纪 70 年代，美国科技发展项目的 55% 是由中小企业完成的，进入 80 年代以后，中小企业的人均发明创造数是大企业的两倍，完成的创新约占创新总量的 70%。在产品创新、服务创新、工艺创新和管理创新方面，中小企业的贡献率分别达到 32%、38%、17% 和 12%。美国中小企业局评定的 20 世纪最重大的 65 项发明和创新都是由 500 人以下的中小企业完成的。美国小企业在 20 世纪的重大技术进步中占到一半以上，而这些小企业的研发经费却不到大企业的

①② 邱海平. 中小企业的政治经济学［M］. 北京：经济科学出版社，2002：157.

5%。根据未来集团的统计，1999 年美国小企业发明创新占全美所有制造业创新总数的 55%，小企业平均每个雇员的创新数比大企业高 1.38 倍，其重要创新数也比大企业高 1 倍。小企业的创新较大企业更具效率，小企业单位研发投入所产生的专利发明数比大企业多 3~5 倍。根据美国小企业管理局 1995 年公布的资料，在所有高技术产业中，雇员少于 20 人的企业数占 70%，雇员在 20~500 人的占 23%，雇员在 500 人以上的只占 7%。也就是说，美国高技术产业中 97% 属于中小企业，特小型就占了 70%。[①] 并且，中小企业更善于寻找市场机会将科研成果商业化，从而创造出一系列新兴行业。由此可见，在美国，中小企业除了能增加财富和就业机会外，更重要的是它的创新精神极大程度上推动了美国经济和社会的发展，是美国"新经济"的引擎。

技术进步与中小企业发展之间谁是原动力，这恐怕难以确定，两者之间应当是互动关系。卡尔松（B.Carlsson）认为技术的进步降低了企业生产的最小有效规模（MES），使得平均成本曲线左移，弱化了进入壁垒，使得许多中小企业可以进入原来只有大企业才能为之的领域，从而推动中小企业的发展。阿科斯（Z.Acs）对 1982 年美国 34 个创新

---

① 沈玉良，浦再明，黄辉.中小企业产业选择［M］.上海：上海财经大学出版社,2001：4-5；曹昱，甘当善，李强.小型企业：美国新经济的助推器［M］.上海：上海财经大学出版社,2003：50；周立群，谢思全.中小企业改革与发展研究［M］.北京：人民出版社，2001：28；毕克新.中小企业技术创新测度与评价研究［M］.北京：科学出版社，2006：4；徐林发.中小企业改制［M］.广州：广东人民出版社，2002：34.

最多的行业中不同规模企业的创新数进行了比较，得到的结论是：随着集中程度的提高，企业的创新趋于下降。在不完全竞争的市场上，大企业的创新优势明显；而在产业成长的早期，在创新和熟练劳动力使用相对较重要的行业以及近于完全竞争的市场上，中小企业的技术创新表现出明显的优势。并且，创新可以在一定程度上抵消中小企业内在成本的劣势，有效地帮助其进入一个行业，并进一步提高其创新能力。[①]

另一个能较好地解释技术进步与中小企业之间的相互促进关系的事实是风险投资和风险企业的广泛兴起。风险投资是指投资者通过参与一定程度的管理，把资金投资给富有潜力但还未上市的中小型科技企业（即风险企业）。其最突出的特点是高技术和企业家的冒险精神融合，高风险与高回报共存，是属于专家性、组合性、长期性的权益投资方式。[②]中小企业经营的灵活性，企业组织的多元化以及技术创新能力较强等特点，能很好适应这类企业经营的要求，从而造成风险企业和风险企业家主要集中于中小企业这一现象。此外，美国哈佛大学动机研究的权威心理学家麦克利兰（D.McClelland）对企业家特质进行了大量研究。他认为，成就欲与创业行为存在正相关关系，中小企业主的成就欲一般高于普通人群，其追求成功的行为表现在创立企业并自主经

---

① 刘东，杜占元.中小企业技术创新的理论考察［J］.中国人民大学复印报刊资料　工业企业管理，1997（9）：131，133.

② 陆世敏.中小企业与风险投资［M］.上海：上海财经大学出版社，2001：61.

营，并且成功欲越强越愿意承担高风险。① 这种基于心理学的分析也在一定程度上解释了中小企业尤其是风险型中小企业存在和发展的原因。

第四节　集群论与共生论

产业集群是一种世界性现象，自 1998 年波特发表了《群落和新竞争经济学》一文之后，产业群落研究也迅速成为一种世界性现象。波特认为集群是指某一特定领域具有内在联系的企业和机构的地理性集中。② 在论及产业集群理论的历史时，波特认为应当回溯到马歇尔的《经济学原理》中有关外部经济的论述。③ 当然，韦伯（A. Weber）的"工业区位论"和胡佛（E.Hoover）的"区域经济论"也都富含集群的思想并有着承上启下的作用。波特是将集群作为竞争力考虑的，并且认为它不同于一般的分工和协作，其竞争理论框架宽泛宏大，但从其采用的案例来看，更多的还是中小企业。从各国产业集群现实和集群理论研究而言，集群的主体和研究对象也更多的是中小企业。

集群不是一种简单的企业依产业性质而集中的行为，它

---

① 张玉利，段海宁.中小企业生存与发展的理论基础［J］.南开管理评论,2001(2): 7.

② http://polaris.umuc.edu/fbetz/references/Porter.html.

③ 波特 . 竞争论［M］.高登第，李名轩译 . 北京：中信出版社，2003：216.

具有自身的演变和发展规律性。从意大利的各类中小企业群落、美国"硅谷"的高技术群落、印度北部山区的软件群落、我国江浙粤的小企业群落和台湾地区新竹的电子群落等都从不同侧面体现了集群的突出特征和优势。它概括起来主要为两个方面：一是通过簇群内企业间的竞争和合作产生整体的竞争优势，如交易成本降低、产品特色化、区域品牌共享等；二是通过企业间的互动互联共同形成一个区域创新体系，提升整个簇群的创新能力。简言之，集群的力量就是创新共同市场，[①] 使企业形成协同意义上的规模经济，实现企业机制创新，从而成为中小企业在当今不仅能够存在并且能迅猛发展的最重要原因之一。

与簇群论有一定联系，但外延更大的有关中小企业存在和发展的理论是"共生论"。"共生"的概念是由德国生物学家德贝里（A.de Barry）于 1879 年提出的，他认为共生是一种普遍存在的生物现象，是不同种类的一个或更多成员之间延伸的物质关系。后来，人们将这一观念引入生产的组织管理之中，注重人与技术的同等重要性，消除"隔膜"，构建协调的企业功能体系并取得了良好效果。[②]

将"共生"用于中小企业问题研究，这要归功于我国的学者袁纯清，他以此作为博士论文选题，并在此基础上于 1998 年出版了《共生理论——兼论小型经济》的专著。他认

---

① 张曙光.产业集群的发展及其理论解析［A］//张元智，马鸣萧.产业集群——获取竞争优势的空间［C］.北京：华夏出版社，2006：12.

② 袁纯清.共生理论——兼论小型经济［M］.北京：经济科学出版社，1998：1.

为："共生不仅是一种生物现象，也是一种社会现象；共生不仅是一种自然状态，也是一种可塑状态；共生不仅是一种生物识别机制，也是一种社会科学方法。"[①] 在共生基本理论的研究中，最具新意和最有价值的论述是，他从行为方式上将共生模式或者说共生关系区分为寄生、偏利共生和互惠共生三种，并指出："对称互惠共生是共生关系中的理想类型，而且最具效率，最有凝聚力且最稳定的共生形态。可以说对称互惠共生是共生的目标类型和目标状态。"[②]

在共生理论的一般探讨之后，袁纯清还将其运用于我国的小型经济发展研究，并集中分析了小型经济的产业共生和体制共生两个问题。在产业共生上，他将企业的大小和产业内外作为经纬组合成小型经济产业的四种共生关系，并认为产业内"小—小"共生和产业内"大—小"共生是目前比较普遍存在的两种方式，并重点展开了分析。[③] 而在小型经济的体制共生问题上作者可能遇到了困难，也就没有展开研究。

第五节　厂商规模无关论

企业是什么？为什么会出现？企业规模由什么因素确

---

① 袁纯清. 共生理论——兼论小型经济［M］. 北京：经济科学出版社，1998：5.
② 袁纯清. 共生理论——兼论小型经济［M］. 北京：经济科学出版社，1998：52.
③ 袁纯清. 共生理论——兼论小型经济［M］. 北京：经济科学出版社，1998：120-121.

定？企业的边界在哪里？这些都是当今最炙手可热的企业理论问题之一。正如本书前面曾提到的，严格地说，在古典和新古典经济学中没有真正的企业理论，在那里，"企业"被视为一种生产函数，是技术的外化，甚至被简化为一种约定俗成，从而实际上变为"黑箱"。① 企业理论，至少可以说现代企业理论肇始于科斯（R.Coase）1937年发表的论文《企业的性质》，他认为："企业将倾向于扩张直到在企业内部组织一笔额外交易的成本，等于通过在公开市场上完成同一笔交易的成本或在另一个企业中组织同样交易的成本为止。"② 科斯这一卓越创见在其后的大约30年里没有根本性的进展，直到1960年其另一名篇《社会成本问题》的发表，因促动了产权理论的兴起而使他名声大噪，1991年获得"诺贝尔奖"更是将其推到了声誉的巅峰。在企业性质问题的研究上，威廉姆森（O.Williamson）的"资产专用性理论"，阿尔奇安和德姆塞茨（A.Alchian and H.Demsetz）的"团队生产理论"，③ 张五常主张用要素市场和产品市场的均衡去替代企业管理成本与市场交易成本的均衡的观点等，都在很大程度上深化、发展了科斯的企业理论和产权交易思想。但这其中走得最远、更具雄心、理论框架更宏伟的，当属以杨小凯和黄有光为代表的"间接定价"理论。从科斯到杨小凯等的努力和成

---

① 徐忠爱.企业边界理论发展的基本脉络 [J].商业研究，2006（19）：15.

② 科斯.企业的性质 [A]//盛洪.现代制度经济学（上册）[C].北京：北京大学出版社，2003：108.

③ 杨小凯，张永生.新兴古典经济学和超边际分析 [M].北京：中国人民大学出版社，2000：85.

果，不仅使新制度经济学完全替代了旧制度经济学派，还发展成为颇具前途的新古典经济学。

新兴古典经济学认为，企业是一种将效率低的活动纳入分工体系的巧妙制度安排。"如果最开始劳动和产品的交易效率都低，则自给自足就是均衡。当劳动的交易效率得到足够的提高后，均衡就跳到一个平均企业规模较小的低水平分工。随着劳动和产品交易效率的进一步提高，跳到一个平均企业规模较大的中等水平分工。但是，如果产品的交易效率进一步显著提高，则平均企业规模就会下降，而分工和总生产力则会提高。这就将科斯、张五常和斯蒂格勒的厂商规模无关论形式化了。厂商规模无关论是指，如果分工在企业内部发展，则平均企业规模和生产力会同时提高；如果分工在企业间发展，则平均企业规模会下降，而生产力和分工水平会提高。这一理论排除了企业平均规模和生产力之间具有单调正相关性的假说。"①

其实，厂商规模无关论的把子主要还是以克鲁格曼（P.Krugman）为代表的新地理经济学和新国际贸易理论。克鲁格曼等认为，一个只存在外部规模经济的行业一般由相对较小的厂商组成，市场处于竞争状态；相反，一个只存在内部规模经济的行业中，大企业比小企业更有优势，市场将走向垄断。因此，外部规模经济是对现实世界的更为有效的解释。他还进一步认为，报酬递增对企业来说是外生的，即平均成

---

① 杨小凯.经济学［M］.张定胜、张永生、李利明译.北京：社会科学文献出版社，2003：165.

本是随着产业规模扩大而下降的，不是随着该企业规模的扩大而下降的。由此可见，克鲁格曼大大发展了马歇尔的外部经济思想，外部规模经济也就成为新贸易理论的中心范畴，据此，他有力地解释了当今颇具规模的产业内贸易现象。①

正是为了批判新贸易理论，杨小凯等根据经验资料提出了厂商规模无关论，这一观点最具代表性的成果是张永生基于其博士论文而写成的专著《厂商规模无关论》。该书在对OECD 国家、亚洲新兴工业化国家或地区（实际为"亚洲四小龙"——本书作者注）和中国的数据进行了统计分析之后，得出六条结论：第一，所有国家（地区）的企业平均规模的变化呈现"倒 U 型"，企业平均规模有缩小的趋势；第二，经济的高速增长可以在企业平均规模下降的情况下出现；第三，即使企业平均规模扩张，也不一定就会伴随着经济增长；第四，所有证据都显示，中小企业比重越来越大，大企业比重越来越小；第五，在制度约束相同的条件下，如果企业规模分布是在市场力量作用下自发出现的结果，则大企业的效率高于小企业；第六，如果交易效率发生变化，则会同时影响经济增长和企业规模，经济增长和企业规模是两个相互独立的现象，两者之间并没有特别的内在关系。②

在另一本书中，张永生借用杨小凯、黄有光的间接定价定理来解释企业平均规模越来越小的原因。他认为，导致商

---

① 张元智，马鸣萧.产业集群——获取竞争优势的空间［M］.北京：华夏出版社，2006：9.
② 张永生.厂商规模无关论——理论与经验证据［M］.北京：中国人民大学出版社，2003：109.

品的交易效率大大提高的因素有很多，这些因素还使得中间产品的交易效率提高得比劳动力的交易效率更快，从而使企业平均规模不可避免地出现下降趋势。[①]

第六节　"小的是美好的"

1973 年，英籍德裔经济学家舒马赫（E.Schumacher）出版了《小的是美好的》一书，该书有一个能较充分表达作者主旨的副标题——以人为本的经济学研究（A Study of Economics as if People Mattered）。舒马赫同凯恩斯和加尔布雷斯共过事，他对凯恩斯主义的泛滥十分不满。该书首先对凯恩斯奉为圭臬的："贪欲、高利贷及自利，在颇长一段时间内，仍必须是我们的上帝"[②]的观念大加鞭笞，写道："他（指凯恩斯——本书作者注）告诫，经济要进步，唯有运用人类最强有力的自私动机，而这正是宗教及传统格言普遍训示我们要严加排斥的东西。现代经济是由一股贪婪的狂热及沉溺于攀比之风所驱动。这些可不是偶然的特征，而是经济体之所以能扩张成功的最深刻原因。问题是，这类原因是否长期有效，或者其本身是否带有毁灭性的种子。"[③]而加尔布雷斯

---

① 张永生.中小企业发展的国际比较、理论解释及中国问题分析［J］.中国人民大学复印报刊资料　工业经济，2001（8）：23.

② 舒马赫.小的是美好的［M］.李华夏译.南京：译林出版社，2007：26.

③ 舒马赫.小的是美好的［M］.李华夏译.南京：译林出版社，2007：18.

对舒马赫可能有较大的正面影响，他写道："加尔布雷斯提到个人富裕和大众贫困。值得注意的是，据说他所指的是美国——一个与传统看法一致的全世界最富足的国家。一个全球最富裕的国家怎么可能出现大众贫困这个问题，而且问题的严重性超过了许多人均国民生产总值显著偏低的国家。如果现有的经济增长水平不但不能让它的社会摆脱贫困，甚至随着经济的增长而加重，那我们怎么可能合理地预期更进一步的增长会让这个问题缓和下来，甚至消除不见；我们又怎么解释经济增长率最高的国家都是人口密度最高，并且污染和大众贫困化的程度也达到了让人震惊的地步的国家"[①]除了贫困化和污染之外，他还以美国能源的消耗为例力数其诸多弊端，他写道："美国不能说它的自然资源贫乏。正巧相反，在人类历史上从来还没有哪一块这么大的土地上拥有那么丰富的资源。"[②]"结果还是一样。美国的工业体系仍然不能只靠自有资源生存，而必须将它的触手伸向世界各处以掌握原料供应。这世界上生活在美国的 5.6% 的人口需要大约 40% 的天然资源来让他们活下去。"[③]

　　在论述大规模和标准化生产时，他引述了中世纪神学家阿奎那（Aquinas）的话："对有手有脑的人类而言，没有比能让他好好地，以启发性、生产性用上他的手和脑更让他高兴的事了。"[④]但现实是，"今天想要能享受这件小事情，是

①　舒马赫.小的是美好的［M］.李华夏译.南京：译林出版社，2007：226.
②　舒马赫.小的是美好的［M］.李华夏译.南京：译林出版社，2007：92.
③　舒马赫.小的是美好的［M］.李华夏译.南京：译林出版社，2007：92-93.
④　舒马赫.小的是美好的［M］.李华夏译.南京：译林出版社，2007：119.

非常奢侈的"① 他进一步援引马克思的话："他们希望只生产有用的东西，但他们忘了生产太多有用东西的结果是制造出太多无用的人。""对这一点我们还可以再加上，特别是在生产过程既枯燥又乏味的时候。"② 由此，舒马赫提出了反讽的"经济学第一条法则：'一个社会真正拥有的休闲时间，似乎与其所使用节省人力的机器之数量成反比。'"③ 基于这些分析之后，他提出了人性化科技主张，其三项标准是："够便宜，每人都能确实掌握；适合小规模的运用；能与人类对创意的需求相吻合。"④ 他提倡发展"中间技术"，并认为它最适合于发展中国家，有助于解决富者越富，贫者越贫的难题。对中间技术特性，他描述道："它远远超过原有技术的生产力，但是也远会比现代工业高度资本密集的精密技术便宜。"⑤"中间技术将会是'劳动密集型'的，而且适合小规模企业采用。"⑥ 不仅如此，舒马赫还身体力行，自任董事长，开办了英国的中间技术公司。

总之，舒马赫从"我们这一代最致命的一个错误就是相信'生产的问题'已经得到解决"⑦ 这一角度出发，以挞伐消费需求论为前提，通过德意志式的思辨，论证了"人很小，所以小的是美好的。想成为硕大无比就是自我毁灭"⑧ 的哲学

---

①③ 舒马赫.小的是美好的［M］.李华夏译.南京：译林出版社，2007：119.

② 舒马赫.小的是美好的［M］.李华夏译.南京：译林出版社，2007：121.

④ 舒马赫.小的是美好的［M］.李华夏译.南京：译林出版社，2007：20.

⑤⑥ 舒马赫.小的是美好的［M］.李华夏译.南京：译林出版社，2007：145.

⑦ 舒马赫.小的是美好的［M］.李华夏译.南京：译林出版社，2007：1.

⑧ 舒马赫.小的是美好的［M］.李华夏译.南京：译林出版社，2007：128.

性经济学命题，从而为中小企业存在的合理性提供了颇具说服力的人文主义理由。

第七节　中产经济理论

与中小企业发展密切相关的另一个重要理论就是所谓的中产经济理论，究其来由，该理论应当与反对股份公司的企业霸权主义行为密切相关，它在欧洲尤其是德国最为流行，美国的小企业经济理论也可以认为与此类似。

德国实行社会市场经济制度，这种制度是通过中产经济的社会结构成为现实的。中产经济在现实中的表现主要是中产企业和其他中产职能群体。①

中产企业属于中小型企业，但又不同于传统意义上的中小企业。它不是以规模来衡量的，而是以企业家与企业的关系属性来确定的。这种属性最突出的特点就是企业与业主的血缘关系。中产企业家是企业财产的所有者，该企业不仅是他的历史使命，也是他本人和家庭生存的一部分。对他来说，企业不是他人的企业，不是公司团体，也不是工作岗位，他必须作为与企业共命运者，独自承担其决策所带来的所有有利和不利的后果。因此，中产企业家是一种特殊的风险型企业家，以其为中心，交织着他的私有经济能力，他在管理这

---

① 顾颖.中产经济理论与我国中小企业发展［J］.社会科学辑刊，1999（3）：56.

种家庭式企业时，是带着强烈的感情色彩的，它十分不同于大型企业所普遍实行雇佣型、从而可以另谋高就的企业家。①

中产经济中的另一重要群体就是社会中产阶级。中产阶级的现代含义是指那些独立自主、自负盈亏、分散决策的社会实体，又有经济中产阶级和社会中产阶级。经济中产阶级是指以企业面目出现，独立参与市场经济活动的小企业，也包括独立的个人生产者和自由职业者。社会中产阶级则是一个更概括的称呼，既包括独立自主的中产阶级（经济中产阶级），还包括非独立的中产阶级或委托责任的中产阶级。他们有经济和社会地位或专业技术能力，能依靠自己的决策自由行使其管理和责任职能。如职员中产阶级，包括高级职员、高级官员、检查监督员和职业政治家等；专业技能中产阶级则包括政府机构的科研人员和专家、高级教师、招聘的艺术家和记者等。②

由于中产经济理论涉及的主体多，因此，经济学角度的研究一般多取其狭义，即从企业角度去分析，这样不仅更能彰显其特色，而且也为中小企业的存在及其合理性提供了重要解释。

第八节　马克思主义角度的分析

马克思本人的著作中不存在真正意义上的企业理论，这

---

① 顾颖.中产经济理论与我国中小企业发展［J］.社会科学辑刊，1999（3）：57.
② 顾颖.中产经济理论与我国中小企业发展［J］.社会科学辑刊，1999（3）：58.

样讲不仅是客观的，也是符合马克思主义逻辑的。马克思的使命是要揭示资本主义的发展规律，他是伟大的经济学家，更是伟大的思想家和无产阶级革命的导师。相对于马克思的宏伟著作，纯粹的企业理论可能显得末支和不协调。当然，我们不能说马克思的文献中没有涉及企业和规模问题，恰当的表示应是：马克思是从研究资本主义生产方式的特点这一角度，论述分工和协作并分析企业的，它更多的属于一种历史观，对企业的论述是镶嵌在资本主义生产关系的分析之中的。正是在这样的范围内，我们说马克思讨论了企业，尤其是生产规模问题，这其中最重要的就是生产社会化这一范畴。

生产社会化的关键因素是资本集中。在论述资本集中的不可避免性时，马克思写道："随着资本主义生产和积累的发展，竞争和信用——集中的两个最强有力的杠杆，也以同样的程度发展起来。同时，积累的增进又使可以集中的材料即单个资本增加，资本主义生产的扩大，又替那些要有资本的预先集中才能建立起来的强大工业企业，一方面创造了社会需求，另一方面创造了技术手段。"[①] 正是基于这样的分析，马克思认为资本主义的生产过程是"较大的资本战胜较小的资本"，[②] "较小的资本挤到那些大工业还只是零散地或不完全地占领的生产领域中去。在那里，竞争的激烈程度同相互竞争的资本的多少成正比，同相互竞争的资本的大小成反比。竞

---

① 马克思.资本论（第一卷）[M].北京：人民出版社，1975：686.
② 马克思.资本论（第一卷）[M].北京：人民出版社，1975：687.

争的结果总是许多较小的资本家垮台，他们的资本一部分转入胜利者手中，一部分归于消灭。"①由此可见，从总体上讲，小生产者在马克思眼中是落后的，中小企业是趋于消失的。

列宁分析的是帝国主义，社会现实不只是"大鱼吃小鱼"，全面进入垄断时期，资本输出成为突出特征，资本主义企业演变为跨国公司。因此，在列宁的《帝国主义是资本主义的最高阶段》中自然而然地进一步强化了小企业的悲惨命运。②

社会主义国家建立之后，尤其是在其前期，占据支配地位的观点自然就是中小企业"落后论"，并成为政府政策的基本根据。因此，此时不可能出现中小企业理论，如果硬说有，也基本是"消亡论"。③

20世纪90年代之后，我国学者在政府日益重视中小企业的社会大背景下，尝试探讨中小企业的存在和发展问题，也有一些学者力图运用马克思主义原理去解读中小企业存在的必然性。这其中较有代表性、较集中的研究成果当属邱海平的《中小企业的政治经济学》，是由博士论文发展而成的。

邱海平基于马克思的"二重性"分析方法，提出了"生产社会化的二重态"观点。他认为："把生产社会化即集中化和大型化当作资本主义生产区别于以前的小生产的主要特征是正确的；认为某些生产的集中可以发展到垄断的程度，

---

① 马克思.资本论（第一卷）[M].北京：人民出版社，1975：688.
② 列宁.列宁选集（第二卷）[M].北京：人民出版社，1960：739，752.
③ 锁箭.中小企业发展的国际比较[M].北京：中国社会科学出版社，2001：86.

也是被证明了的；把资本主义私有制理解为与社会化生产是相矛盾的也是正确的。但是，把社会化仅仅理解为生产集中化和大型化，并且认为生产集中化和大型化是生产力发展的唯一形式，并主要根据它与资本主义私有制的矛盾，得出资本主义必然灭亡的结论，却是值得进一步研究的。"① "实际上，资本主义生产力发展即生产社会化的发展具有两种不同的表现形式，一是生产集中化、一体化、大型化，二是社会分工的发展。生产集中化也就是协作劳动规模的扩大化，社会分工的发展也就是生产过程和环节的分化，协作内容的简化。生产集中化和社会分工的发展实际是生产力发展的二重态和形式。"②

生产集中化使得企业规模扩大，但社会分工的作用可能是不确定的。"社会分工的发展具有两种不同的形式和结果。一种形式是从集中化的生产中产生社会分工，即企业内部的分工转化为社会分工和企业之间的分工。这里存在双重的结果，一方面，一部分生产从原有的企业内部分离出来，由另外一些独立的企业来承担，因此，原来的企业在生产内容上变小了；另一方面，也正是由于原有企业的生产专业化加强，为生产规模的扩大和集中创造了条件，企业可能变大，对于经营从原来一个企业内部分离出来的项目的企业来说也是如此。社会分工发展的另一种形式是在现有的基础上创造出新的分工关系，即创造原来没有的生产，这一点在当代科技革命的发展过程中表现得最为突出，一系列中小型高科技

①②　邱海平.中小企业的政治经济学 [M].北京：人民出版社，1975：233.

企业的建立，利用新的技术发明，生产和提供以往不存在的新产品和服务。"①

"作为生产社会化的二重态，同是生产力发展的组织形式，生产集中化和大型化同生产分散化和小型化是同时并存并且相互转化的，这是资本主义市场经济条件下生产力发展的必然趋势。生产社会化的二重态及其相互转化，正是影响生产规模和企业规模变动的最深刻的基础。"②

第九节　总评与新思维框架

一、对既有中小企业存在理论的评析

在经济理论中较多涉及的企业问题，这应当归功于马歇尔。马歇尔从早期的中小企业"消亡论"者变成后来的中小企业的"存在论"者，并对制造业、商业及农业上的大规模生产和小规模生产的优劣有过一些分析，但他基本没有给出中小企业存在的一般性理由，说来说去还是本书前述的"森林"故事。显然，用生物学观点去解释中小企业的存在和发展是难以令人信服的。不过，马歇尔关于外部经济的创见倒是其最杰出的贡献，这一概念不仅成为现代经济学的标准术

---

① 邱海平.中小企业的政治经济学［M］.北京：人民出版社，1975：234.
② 邱海平.中小企业的政治经济学［M］.北京：人民出版社，1975：237.

语之一，而且成为说明中小企业为何会集群存在的最有说服
力的理由，这可能是他所未能预料到的。

　　不过，集群论探讨的是中小企业的生存方式，而不是存
在的理由，但正由于中小企业能够适应环境改变自己，通过
集群产生区域规模经济，从而规避了单个企业小而不经济的
劣势，在这一角度上，我们也可以说集群论包含着有关中小
企业存在合理性的阐述。这是当代化的穆勒观点。在19世纪
中期，穆勒不仅论述了大规模生产和小规模生产，还曾依据
达尔文的"物竞天择，适者生存"的原理去寻找中小企业存
在的缘由。[①] 此外，对中小企业集群原因解释比较有说服力
的另一个观点应当是威廉姆森和尼尔森（R.Nelson）[②] 分别独
立提出的，在企业和市场这两种基本制度形式之间还存在着
第三种基本组织活动形式，即"组织间协调"或"中间性体
制"，它通过战略联盟等方式形成簇群以实现外部经济，从
而增强了与大企业竞争的整体力量。

　　存在"组织间协调"或"中间性体制"的市场也就不可
能是完全竞争市场了，因此，威廉姆森和尼尔森实际上是解
释了在垄断竞争市场上中小企业为何能生存下去的根由。当
然，说到垄断竞争，人们首先会想到张伯伦和罗宾逊夫人，
再进一步演绎，就会与中小企业有关。在张伯伦和罗宾逊夫
人那里，"差别"是一个关键概念，因为它是垄断的主要成因
之一。与大企业对生产的标准化和消费的稳定性要求相比，

---

① 林汉川，魏中奇. 中小企业存在理论述评［J］. 经济学动态，2000（4）：75.
② 林汉川，魏中奇. 中小企业存在理论述评［J］. 经济学动态，2000（4）：76.

中小企业的作用是双方面的，它不仅推动了竞争，也在促成垄断，从而成就了其存在。

再回到集群论上，中小企业倾向于簇群而生，说明它们之间的主要价值取向是互惠的，而互惠关系正是共生论的理想状态。因此，共生论与集群论之间存在根本联系，但又有本质区别。比较起来，集群论的研究不仅更实践化，也是截至目前，有关中小企业的理论和现实问题的研究中最为全面、深入和最有说服力的。企业共生理论则相对更理论化、理想化，但说服力却较弱，对其进一步的研究基本处于停滞状态。

马歇尔的"森林"故事、共生论和集群论是中小企业存在理论中三个最有代表性的生物学观点的应用，虽然他们都努力让自然科学的观点啮合到经济科学和企业理论中，但仍然在不同程度上存在着马克思所说的"庸俗"的问题。尤其是共生论，几乎没有达到 19 世纪中期凯特勒（A.Quetelet）的《社会物理学》（1869）的水平。对其进一步的研究，在很大程度上已经背离了原始目标，离开了经济领域，"共生"衍变成为一首呼唤"合理"乃至"大同"的人道主义颂歌。[①]

主流经济学在市场不完全性的假设下，将垄断概念的外延扩大，给中小企业生存灵活性的发挥提供了空间，尤其是施蒂格勒的"碟型"成本观点更从微观经济学的厂商理论的根系上解释了中小企业存在的可能性，属于比较纯正的经济学解释，具有较强的逻辑感和说服力。

---

① 吴飞驰.企业的共生理论——我看见了看不见的手［M］.北京：人民出版社，2002.

在自然和人文之间寻找中小企业存在原因的是技术创新论。这里明显存在着熊彼特时期和后熊彼特时期之分，在熊彼特"大企业优越论"甚嚣尘上的年代，只有极少数学者从实证的角度提出一些反例。而在后熊彼特时期，尤其是近20年来，随着科技型中小企业的兴起，中小企业的地位被大大提升，甚至有夸大之嫌。但从学术角度看，技术创新论还算不上是真正的理论，它虽然给出了中小企业为何存在的十分丰富的事例，但基本属于一些描述性的统计证据，因此，顶多只能说是一种经验理论。

"社会分工论"与斯密所说的分工有很大不同，它所指的分工更多的是从企业行为尤其是从企业经营和发展战略的角度去论述中小企业存在的理由的，所以才会有所谓的"产业分工论""中心—外围论""'下请'模式""市场缝隙论""零散产业论"等观点。显然这里主要不是经济分析，而是关于企业发展战略的分析。与"社会分工论"有一定联系，但更重要的还是其区别的，是加尔布雷斯的"二元结构体系论"，作为新制度学派的核心人物，他关心更多的是社会的合理性，从而也在一定程度上论及了中小企业存在的必要性。

从社会合理性角度去演绎中小企业重要性的最著名的文献是《小的是美好的》。不过作者更多的是从人和人性的角度进行哲学式的思辨，并具有浓厚的甘地（Gandhi）精神和佛的说教，同时也主要是在给发展中国家开药方，但又不是典型意义上的发展经济学，更不是企业理论。作者的悲天悯人让人敬仰，但其在现实面前又显得如此苍白无力。与舒马赫思想存在较多共鸣，但由于时代背景和研究的出发点不同，存在很大区别的还有日本中村秀一郎的《大规模时代的终结——多元产业组织》、托夫勒（A.Toffler）的《第三次浪潮》（1980）和奈斯比特（J.Naisbitt）的《大趋势》（1982）等具有较大影响的著作。它们主要是从当今世界出现了突出的分散化和小型化的发展趋势论及了中小企业存在和发展的必然性及重要性，同样不是有关小企业的专论。

企业理论的真正代表人物是科斯，但围绕他兴起的却是新制度经济学，这说明该流派是一个杂派，"法与经济学"才是其重要的牌号。从"科斯→德姆塞茨→张五常→威廉姆森→杨小凯"一路的快速发展，表现出了该学派的勃兴和结果丰硕，也彰显了其观点的众说纷纭和各自的野心，他们在很大程度上并没有朝一个方向迈进。鼎力支持杨小凯"厂商规模无关论"的就是张永生的同名著作，但它还只是经验实证，并且其论证所依赖的数据、指标和统计方法也都存在一定问题。王缉慈[1]和孙洛平[2]等也都从不同角度在一定程度上维护着杨小凯的观点。如果其后续的研究真能将"经济增长和企业规模的变化是两个独立的现象"升华为公理，虽然这一"公理"探讨的并不是直接有关中小企业存在的必然性问题，但仍可以说，它给中小企业存在的合理性提供了终极旁证。

---

① 王缉慈. 从企业规模探寻产业组织的科学性 [EB/OL]. http://www.environ.pku.edu.cn/personal/professor/planning/wjchome/issues/00077.pdf.

② 孙洛平. 竞争力与企业规模无关的形成机制 [J]. 经济研究，2004（3）：81–86.

中产阶级理论主要是德国的理论，其最突出的特点是其实践性。培养中产阶级，通过它去维护社会市场经济制度，这正是中产阶级理论的核心。因此，该理论有较浓厚的政治色彩和社会性，不是原发和比较纯正的经济理论。由于中产阶级必然会与中小企业直接关联，也就很自然地得出中小企业的存在是合理的结论。

试图按照马克思主义的思维方法去讨论中小企业存在的必然性，这更多的是我国学者的愿望和行动。但这里也存在一个突出的困难，那就是企业规模问题不是马克思本人所研究的主要问题，在他那里大生产和小生产不是单纯的企业规模问题，更多的是生产方式的先进和落后问题，严格地说属于生产关系范畴。因此，遵循马克思主义首先就会存在"度"的风险。从前面叙述的我国目前最有代表性的基于马克思主义原理而撰写的著作《中小企业的政治经济学》来看，作者显然是"发展"了马克思本人的理论的，他提出了"生产集中化和大型化同生产分散化和小型化是同时并存并且相互转化"的"生产社会化二重态"观点。但意料之中的遗憾是，在惊险的跳跃之后，作者显然缺少马克思的洞察力和文采，到书的结尾也没有解释清楚"生产社会化二重态"的内在原因，是无因又未显见方法的果，从而让人明显感到有滥用马克思所广泛但却准确运用的"二重性"范畴的嫌疑。

由上述评析可以看出，想要简单回答中小企业存在的原因是困难的。西方"主流经济学家并没有提供值得骄傲的理论说明。其他关心小企业的经济学家也一改'帝国主义'习气，谦虚地向自然科学借用诸如'集群''生命周期'等概念来解释小企业的存在。"[①] 我国学者试图用马克思主义的思维方法去阐释中小企业存在的必然性显然也未得出令人信服的结论。但这种努力是有益的，并给本书研究以很大的启发。

二、新思维框架的建立

本书认为，要想比较圆满地解决中小企业存在的客观性和合理性问题，应该抓住"生产—消费—社会"这样一条线索，"三足鼎立"地、立体式地去寻找原因。

首先是"生产"方面。根据马克思关于生产力、生产关系和生产方式的理论，大规模生产和小规模生产属于生产方式问题，它回答的不是"为谁"生产，而是"怎样"生产。"怎样"生产虽然取决于"为谁"生产（即生产资料占有方式），但也取决于生产力的发展水平，其首要的就是科学技术。工业革命使得英国在 19 世纪中叶首先出现了近代的机器生产和大工业体系，科学技术的发展成就了美国 20 世纪上半叶的钢铁大王卡内基（A.Carnegie）、石油大王洛克菲勒（J.Rockefeller）和汽车大王福特（H.Ford），他们是世界上的最富有者，并且"福特生产线"成为大规模生产的代名词。但同样是科学技术让比尔·盖茨（Bill Gates）一度成为世界上的最富有者，在微软尚未进入世界 500 强之前，它在很长一段时期被当作"小巨人"的楷模，这样的例子还有英

① 李政军. 中小企业存在原因的一般分析［J］.南京审计学院学报，2005（8）：1.

特尔、摩托罗拉、诺基亚、佳能、富士通等。当代高技术的发展更加推动了生产小规模化的趋势。由此可见，生产方式中的"怎样"生产问题是与科技发展直接相联系的，大规模生产和小规模生产都是生产力发展的直接结果。

其次是"消费"方面。大规模生产和小规模生产均受制于生产力发展水平，但两者并不是简单的决定和被决定的关系，其中包含着许多不确定性，因为大规模生产和小规模生产的优与劣以及它们在现实中的比例，在很大程度上依赖于消费者的选择。马克思的"生产决定消费"观点无疑是正确的，但凯恩斯的"消费决定生产"观点也有其合理的一面，至少应当说，消费对生产有着巨大的能动作用。在收入和生活水平不断提高的情况下，有一个非常明显的规律，那就是人们日益要求产品的差异化，在张扬个性的今天，这种趋势越来越强。这就是那些曾经日薄西山的产品为何在当今社会又大放异彩的主要原因之一。"消费者是上帝"在轻工、服务和传统产业上的表现最为明显，它也正是中小企业在这些行业中林立的突出原因。在讨论中小企业在当代勃兴的原因时，消费需求日益个性化是最被广为提及的，本书也采纳了这一理由。并且，在分析小规模生产的必要性时，也是不能简单地用"生产决定消费"而一言以蔽之的。自由与个性化是一个亘古不变的话题，因此，它也就成为小规模生产能长青的原因。

最后是"社会"方面。如果大规模生产和小规模生产属于生产方式问题能成立的话，它自然还受到来自上层建筑和社会风俗尤其是前者的制约。在这里也不能简单地用"经济基础决定上层建筑"来分析问题，因为，上层建筑的能动作用更大。在自由资本时期，自由放任政策主张的是企业的自生自灭；在垄断资本主义尤其是当代资本主义时期，奉行的是"国家干预经济"，在充分就业和经济增长的目标下，企业的自生自灭实际被附加了条件，如不对等竞争条款、《反托拉斯法》等，甚至还包括国际形势和国家发展战略变动的影响等。这在全世界的表现均很明显，在我国就更为突出。因此，国家性质、政策规则等这些社会原因过去是，将来也还会是影响大规模生产和小规模生产的十分突出的因素。

总之，影响大规模生产和小规模生产从而对大、中、小企业出现不同偏好的原因是多方面的。本书认为，只有从生产、消费和社会这三个主要是从经济的并且层次较高的方面去剖析展开，中小企业为什么在过去和将来都可能会存在，其存在为什么又是合理的，本书才会变得条理比较清晰，甚至让人一目了然。

第三章

中小企业存在的合理性实证

第一节　经济发展水平与中小企业发达程度关系的正向分析

一、中小企业的数量分布与地区经济发展水平的关系

为了考察中小企业数量分布与地区经济发展水平是否存在关系，本书根据统计年鉴中各个地区的年底人口数，先计算出年平均人口数，然后与各地区生产总值对比得到人均GDP。将人均GDP作为线索，分别计算出它与中小企业数、大企业数以及中小企业比重之间的皮尔逊、肯德尔和斯皮尔曼三种相关系数，并同时给出了中小企业数和大企业数之间的相关系数，结果如表3-1和表3-2所示。

表3-1　2003年我国各地区人均GDP和中小企业数量分布

地区	人均GDP（元）	人均大企业个数（家/百万人）	人均中小企业个数（家/百万人）	中小企业占全部企业总数的比重（%）
北京	34899	3.06	276.14	98.91
天津	25550	4.56	524.78	99.14
河北	10251	1.50	115.85	98.73
山西	8642	1.73	107.63	98.42
内蒙古	10037	1.30	68.17	98.12
辽宁	14270	2.26	160.39	98.61
吉林	9854	1.15	83.40	98.64

续表

地区	人均 GDP（元）	人均大企业个数（家 / 百万人）	人均中小企业个数（家 / 百万人）	中小企业占全部企业总数的比重（%）
黑龙江	10638	1.28	66.02	98.09
上海	40133	4.44	660.91	99.33
江苏	16829	2.80	319.94	99.13
浙江	20811	2.62	544.74	99.52
安徽	6155	0.93	64.31	98.58
福建	14333	1.15	263.68	99.57
江西	6624	0.59	71.40	99.18
山东	13268	2.90	174.80	98.37
河南	7124	1.15	93.15	98.78
湖北	7936	1.10	103.50	98.95
湖南	7012	0.84	88.94	99.06
广东	20040	2.30	307.49	99.26
广西	5829	0.52	58.81	99.13
海南	8590	0.25	76.46	99.68
重庆	7288	1.38	70.48	98.08
四川	6140	0.78	61.94	98.75
贵州	3701	0.60	54.65	98.92
云南	5870	0.60	45.22	98.70
西藏	7043	0.00	121.04	100.00
陕西	7028	1.71	66.00	97.47
甘肃	5388	1.15	109.85	98.96
青海	7341	1.69	73.57	97.75
宁夏	7732	2.43	70.14	96.65
新疆	9827	1.09	64.24	98.33

注：由于 2005 年和 2006 年的《中国统计年鉴》不再有此种分类的资料，故只能使用较早的数据。该表中的 GDP 来自 2006 年的《中国统计年鉴》，它为依据全国第一次经济普查修订后的最新数据。表中的中小企业是指全部国有及规模以上（销售额 500 万元）的非国有工业企业。

资料来源：根据 2003 年和 2004 年的《中国统计年鉴》并经进一步计算而得到。

表 3-2　中小企业分布数量与地区人均 GDP 的关系

	相关系数 [①]		
	皮尔逊	肯德尔	斯皮尔曼
人均中小企业拥有量与人均 GDP 的关系	0.872 [②]	0.609 [③]	0.764 [④]
人均大企业拥有量与人均 GDP 的关系	0.828 [⑤]	0.574 [⑥]	0.750 [⑦]
人均中小企业拥有量与人均大企业拥有量的关系	0.810 [⑧]	0.492 [⑨]	0.649 [⑩]
中小企业总量与大企业总量的关系	0.841 [⑪]	0.735 [⑫]	0.888 [⑬]
中小企业数占企业总数的比重与人均 GDP 的关系	0.278 [⑭]	0.105 [⑮]	0.169 [⑯]

注：①由 SPSS13.0 计算而出，除特殊注明者外，以下均同。②~⑬表示在 1% 显著水平上通过了双尾统计检验。不再注。⑭⑮⑯的双尾显著水平分别为 0.129、0.405 和 0.364。

从表 3-2 可以看出，一个地区人均中小企业拥有量与其人均 GDP 存在很强的关联，三种相关系数均超过了 0.6，并均在 1% 显著水平上通过了统计检验，其最重要的皮尔逊相关系数还达到了 0.872。进一步考察还发现，人均大企业拥有量与人均 GDP 也存在显著的联系，但其关联程度要小于人均中小企业与人均 GDP 之间的关联，其表现是，人均大企业拥有量与人均 GDP 之间的三个相关系数 0.828、0.574 和 0.750 分别小于人均中小企业拥有量与人均 GDP 之间的相关系数 0.872、0.609 和 0.764。这一结论是具有说服力并基本符合我国企业产生和变迁的实际情况的。

不仅如此，人均中小企业数量和人均大企业数量都与地区经济发展水平存在较强的关联，实际上包含着中小企业和大企业之间一种更深层次的联系，让人颇感意外的是，它从绝对量和相对量两个方面都能得到印证。从绝对量上看，中小企业数量和大企业数量的三个相关系数值均大于 0.73, 并且都在 1% 显著水平上通过了统计检验, 其中的皮尔逊系数达到了 0.84。从相对量上看, 人均中小企业数量和人均大企业数量的三个相关系数值均大于 0.49, 也都在 1% 显著水平上通过了统计检验, 其中的皮尔逊系数达到了 0.81。这说明大小企业之间存在一种内在的数量联系, 本书称之为 "数量粘性", 即无论是从规模还是从结构上看, 一个地区的大企业数量越多, 其中小企业数量也越多, 反之亦然。这一结论是有价值的, 它不仅表明了中小企业与经济发展水平之间的关系, 也从数据上证明了大、小企业之间存在共生关系, 使本书第二章第四节所叙述的 "共生理论" 获得了较好的经验证据支持。

大小企业之间的这种粘性也可以从表 3-2 最后一行所示的中小企业数量占企业总数的比重与人均 GDP 的相关情况进一步体现出来。两者之间的三个相关系数不仅很低, 而且均未通过统计检验, 也就是说, 中小企业数占全部企业数的比重与地区人均 GDP 之间不存在显著关系。它大致可以这样来描述, 即不管经济发展水平如何, 中小企业都要 "顽固" 地达到某一比例, 并且还是很高的比例。从我国 2003 年的实际情况来看, 各个地区的这一比例均在 96.65% 以上, 并且, 在 98% 及以上者占 90.32%, 在 99% 及以上者占 35.48%。这一点从本书第一章第一节 "研究背景和目的" 的叙述中也能得到很好的印证。

二、中小企业的数量扩张速度与地区经济发展水平的关系

改革开放之前，我国的中小企业曾有过几次较大的发展，但从总体上看，它直接受制于政策，是计划经济主导的结果，企业数量、规模、产业布局、发展模式以及绩效等方面并不存在显著的地域差别和发展规律性，中小企业的蓬勃发展是20世纪80年代中后期的事情。具体数据如表3-3所示。

表3-3 中小企业数量扩张速度与地区经济发展水平的关系

地区	此间创立的企业数所占的比重（%）			相关系数[1]		
	1978年以前	1979~1987年	1988年以后	皮尔逊	肯德尔	斯皮尔曼
发达地区	14.46	13.22	72.32	−0.31[2]	0.33[3]	0.50[4]
欠发达地区	44.67	16.54	38.79	0.79[5]	1.00[6]	1.00[7]

注：①按"1978年以前"=29、"1979~1987年"=9和"1988年以后"=13计算而出。②~⑥的双尾显著水平分别为0.799、0.602、0.667、0.419和0.117。⑦在1%显著水平上通过了双尾统计检验。

资料来源：国家统计局企业调查总队.风物长宜放眼量——中小企业发展问题研究"数据篇"[M].北京：中国统计出版社，2003：357。若未加特殊说明，本书后续部分的资料来源均相同，不再注。

表3-3说明，发达地区1988年以后所创立的中小企业数占72.32%，远高于欠发达地区的38.79%，从企业创立时间与创立数所占比重的各种相关系数来看，不同地区的正负号具有相反的倾向，从而能进一步表明中小企业的数量扩张速度与区域经济发展水平之间的相关关系。当然，由于该数

据分段过少，造成数据量较小，从而在一定程度上扭曲了真实的相关关系，并且统计检验也不容易通过。

三、中小企业的经营绩效与地区经济发展水平的关系

因企业自身的原因和受大环境的影响，我国中小企业的经营普遍出现了困难，但从地区对比看，发达地区要明显好于欠发达地区，前者中严重亏损和有较大盈余的中小企业比例分别为 16.72% 和 49.25%，而后者分别为 29.62% 和 14.10%，不同地区的相关系数符号正好相反则进一步显现了其差距。数据如表 3-4 所示。

表 3-4　中小企业盈利状况与地区经济发展水平的关系

地区	盈亏状况					相关系数[①]		
	严重亏损	亏损	收支平衡	略有盈余	较大盈余	皮尔逊	肯德尔	斯皮尔曼
发达地区	16.72	41.18	35.54	54.46	49.25	0.847[②]	0.600[③]	0.800[④]
欠发达地区	29.62	18.32	20.35	11.44	14.10	−0.857[⑤]	−0.600[⑥]	−0.800[⑦]

注：①按"严重亏损"=−2、"亏损"=−1、"收支平衡"=0、"略有盈余"=1 和"较大盈余"=2 计算而出。②~⑦的双尾显著水平分别为 0.070、0.142、0.104、0.064、0.142 和 0.104。

表 3-5 是将 2003 年我国各地区中小企业的主营业务利润率、净资产收益率和总资产收益率三个主要业绩指标与其地区人均 GDP 进行比较，发现它们之间也有一定的关联，并在 1%、5% 显著水平上均通过了统计检验，这也同样表明了中小

企业经营绩效与地区经济发展水平相互间的一定程度的联系。
计算结果如表 3-6 所示。

表 3-5　2003 年我国各地区中小企业经营业绩情况

地区	主营业务利润率	净资产收益率	总资产收益率
北京	0.056	0.122	0.056
天津	0.073	0.158	0.063
河北	0.054	0.144	0.052
山西	0.045	0.083	0.028
内蒙古	0.038	0.080	0.027
辽宁	0.033	0.062	0.022
吉林	0.044	0.043	0.014
黑龙江	0.015	0.027	0.008
上海	0.055	0.126	0.059
江苏	0.043	0.139	0.052
浙江	0.058	0.154	0.062
安徽	0.057	0.122	0.045
福建	0.058	0.122	0.057
江西	0.034	0.072	0.023
山东	0.048	0.163	0.061
河南	0.043	0.124	0.042
湖北	0.034	0.079	0.028
湖南	0.031	0.070	0.025
广东	0.051	0.110	0.048
广西	0.038	0.067	0.022
海南	0.059	0.076	0.036
重庆	0.040	0.090	0.032
四川	0.042	0.073	0.026

续表

地区	主营业务利润率	净资产收益率	总资产收益率
贵州	0.012	0.026	0.008
云南	0.028	0.066	0.023
西藏	0.102	0.044	0.032
陕西	0.040	0.069	0.021
甘肃	0.019	0.035	0.011
青海	0.004	0.006	0.001
宁夏	0.024	0.058	0.018
新疆	−0.001	0.019	0.007

资料来源：张俊喜，马钧，张玉利．中国中小企业发展报告 No.1［M］．北京：社会科学文献出版社，2005：373．

表 3-6　中小企业经营业绩与地区经济发展水平的关系

	相关系数		
	皮尔逊	肯德尔	斯皮尔曼
主营业务利润率与人均 GDP 的关系	0.366[1]	0.346[2]	0.470[3]
净资产收益率与人均 GDP 的关系	0.546[4]	0.388[5]	0.546[6]
总资产收益率与人均 GDP 的关系	0.659[7]	0.431[8]	0.591[9]

注：[1]在 5% 显著水平上通过了双尾统计检验。[2]～[9]在 1% 显著水平上通过了双尾统计检验。

四、中小企业生产技术水平、产品等级和产业层次与经济发展水平的关系

从不同地区中小企业主要生产设备所属的年代、主营产品的等级以及产业定位的高度来看，发达地区中小企业的发展水平和层次明显高于欠发达地区（见表 3-7）。

表 3-7　中小企业生产技术水平、产品等级和产业层次与地区经济发展水平的关系

项目		等级序号	企业数占比（%）	发达地区			企业数占比（%）	欠发达地区		
				相关系数				相关系数		
				皮尔逊	肯德尔	斯皮尔曼		皮尔逊	肯德尔	斯皮尔曼
主要设备等级水平	20 世纪 90 年代	1	57.68	−0.971①	−1②	−1③	44.13	−0.927④	−0.667⑤	−0.800⑥
	20 世纪 80 年代后期	2	46.10				46.18			
	20 世纪 80 年代中期	3	14.36				27.75			
	20 世纪 70 年代	4	6.80				17.32			
	设备平均等级 =1.76；标准差 =0.86						设备平均等级 =2.13；标准差 =1.02			
主营产品等级水平	国际水平	1	22.22	−0.343⑦	0⑧	−0.200⑨	5.76	0.125⑩	0.333⑪	0.400⑫
	国内先进	2	44.95				40.12			
	国内一般	3	47.98				62.76			
	国内落后	4	2.27				7.10			
	产品平均等级 =2.26；标准差 =0.78						产品平均等级 =2.62；标准差 =0.68			
产业选择	电子及仪表类	1	6.48	−0.538⑬	−0.429⑭	−0.500⑮	0.92	0.210⑯	0.286⑰	0.310⑱
	机械类	2	23.19				19.30			
	纺织服装类	3	18.20				7.54			
	轻工类	4	15.96				10.66			
	化工及医药类	5	7.73				12.87			
	冶金类	6	1.50				3.86			
	建材类	7	8.73				11.21			
	食品类	8	5.74				13.97			
	其他	—	12.47		—		19.67		—	
	产业平均高度 =3.72；标准差 =2.00						产业平均高度 =4.76；标准差 =2.24			

注：①②在 5% 显著水平上通过了双尾统计检验。③在 1% 显著水平上通过了双尾统计检验。④～⑱的双尾显著水平分别为 0.073、0.174、0.200、0.657、1.000、0.800、0.875、0.497、0.600、0.169、0.138、0.207、0.617、0.322 和 0.456。

表 3-7 数据表明，发达地区中小企业的主要设备等级水平为 20 世纪 90 年代的比重比欠发达地区高出 13.55%；属于 20 世纪 70 年代较落后技术水平的比重，发达地区比欠发达地区要低 10.52%；两者的相关系数差距较大。从主营产品的等级上看，达到国际水平者，发达地区要高于欠发达地区 16.46%；为国内落后者，发达地区比欠发达地区低 4.83%；两者的相关系数的符号相反。发达地区中小企业的产业定位层次较高，主要选择科技含量较高（如电子、仪表）、附加值较大（如电子、仪表及机械）以及具有较强要素禀赋优势（如服装、轻工）等类产业；欠发达地区的产业选择则主要属于较传统的化工、冶金、建材和食品等类别，或者可以这样理解，欠发达地区的中小企业仍然在很大程度上维持着原有的产业格局，产业突破力度较小，新兴产业的比重较低；如果将产业层次转化为变量，发达地区和欠发达地区的各种相关系数的符号正好相反，绝对值差距较大，更进一步说明了这种差别。

五、中小企业的创新投资力度和效果与地区经济发展水平的关系

企业技术创新投入的多少和效果在很大程度上决定着企业的竞争能力和发展层次。国家统计局调查总队调查结果显示，我国中小企业技术创新经费占营业收入的平均比重为 1.72%，水平较低，并且企业间差距较大，标准差达到 1.87%，有 50.46% 的企业该项投入的比重不足 1%。如果将采用新技

术生产的产品的销售额占全部销售额的比重近似看作是 R&D
的投资效果，全国中小企业的该项平均值为 9.17%，企业间的
差距同样较大，标准差为 9.11%，有 55.38% 的中小企业这一
比例低于 5%。发达地区和欠发达地区的对比如表 3-8 所示。

表 3-8　中小企业创新投入力度和效果与地区经济发展水平的关系

项目		发达地区				欠发达地区			
		企业数占比（%）	相关系数			企业数占比（%）	相关系数		
			皮尔逊	肯德尔	斯皮尔曼		皮尔逊	肯德尔	斯皮尔曼
技术创新经费占营业收入的比重	2 以下	67.50	−0.717[①]	−0.667[②]	−0.800[③]	77.39	−0.706[④]	−1[⑤]	−1[⑥]
	2~3	14.86				9.56			
	3~5	7.56				6.62			
	5 及以上	10.08				6.43			
平均投入（%）		2.06（标准差 =1.89）				1.73（标准差 =1.62）			
新技术产品收入占总收入的比重	5 以下	43.08	−0.335[⑦]	−0.333[⑧]	−0.400[⑨]	56.25	−0.591[⑩]	−0.333[⑪]	−0.400[⑫]
	5~10	18.72				15.07			
	10~20	9.49				9.01			
	20 及以上	28.72				19.67			
平均产出（%）		11.08（标准差 =9.60）				8.81（标准差 =8.86）			

注：①~④、⑦~⑫的双尾显著水平分别为 0.283、0.174、0.200、0.294、0.665、0.497、0.600、0.409、0.497、0.600。⑤在 5% 显著水平上通过了双尾统计检验。⑥在 1% 显著水平上通过了双尾统计检验。

六、中小企业发达程度与区域经济发展水平关系的其他重要表现

从资产多元化程度和企业管理体制来看，发达地区中小

企业的所有制形式更加多样，国有企业的退出速度更快，政府干预程度较小。数据显示，发达地区国有中小企业的比例为 16.71%，企业领导由上级指派的比例为 38.65%，而欠发达地区的对应比例分别高达 41.91% 和 77.02%。

融资难属于中小企业发展中的"瓶颈"，相比较而言，发达地区中小企业的融资渠道较宽，资金紧张度略小。发达地区更善于利用外商直接投资（占 14.35%）、权益性投资（占 17.50%）以及风险投资基金（占 4.17%）等较高层次或较现代的融资手段，而欠发达地区的这一对应比例分别只有 1.41%、4.77% 和 1.41%。

发达地区中小企业生产和经营的外向度及能力要高于欠发达地区，其产品主要供出口的企业比例为 46.60%，企业所需原材料和配件来源于国外的比例为 22.94%，产品由企业直接出口的比例为 27.63%，而欠发达地区的相应比例分别为 14.21%、2.39% 和 6.88%，明显较低。

第二节　经济发展水平与中小企业发达程度关系的逆向分析

一、分类确定、数据甄别和分析方法遴选

在本书第一章第五节"数据来源与说明"叙述的 2000

年我国《中小企业发展问题》的问卷调查中，河南省进入全国调查的地区是三门峡、濮阳、安阳和南阳四个地区，样本量分别为40家、28家、68家和60家，合计占全国样本总量的12.76%。在全国整体的分类之下，它们分列于经济中等水平地区和经济欠发达地区。为了进一步了解和研究河南省中小企业的情况，河南省企业调查队在此基础上按照目录抽样法又追加了郑州、周口和商丘三个地区，样本量由原来的196家上升到312家。为了更切合河南省的实际情况和研究上的科学性要求，本书将全国整体的地区五级分类合并为三类，即经济发达地区（人均GDP在7000元及以上，一类地区）、经济中等水平地区（人均GDP在5000~7000元，二类地区）和经济欠发达地区（人均GDP在5000元以下，三类地区），具体到中小企业所在的县或市再按照这一分类去确定企业的地区类属。在此基础上，本书展开如下的经济发展水平与中小企业发达程度关系的逆向实证分析。

在定量分析之前，对312家中小企业的调查数据质量进行了甄别，发现按厂名排序下的第243号企业即西华县城关镇北关面粉厂的资料严重缺失，无法计算本书所需的各种指标，故将其删除。之后，计算出余下311家企业的11个指标，然后对其进行评判，发现按厂名排序的第96号企业即河南荥阳丰田化工公司的数据存在异常情况，如资产负债率为-103.36%、人均利润为643.55千元、资产贡献率为13285.71%等，它们属于明显的错误或不符合逻辑，也将其删除。此外，按厂名排序下的第225号企业即商丘雅康药械公司的研究开发费用占销售总收入的比重为 60.994%，与其他企业相比，其值远在整体数据的 3σ 之外（实际超过 15σ），致使该指标值的偏度（Skewness）系数高达 11.69，属于异端值，不符合统计分析的要求，故也将其删除。这样，最终纳入分析的为 309 家中小企业。

本书第一章第四节构建了评判中小企业发达程度的四类 11 个统计指标，这属于定性分析，将它们运用于定量分析时，还必须考虑统计指标实际取值时相互间可能存在的信息重叠，或者说，应当通过数据简缩分析剔除指标之间的共线性，才能得到正确的结果。为此，本书采用两种方式展开研究：一是采用判别分析内置的多步分析方法，一步到位；二是分两步来进行，先提取 11 个原始指标中的若干主成分，然后再根据它去进一步做判别分析。

二、三分类法的多步判别

首先，在地区按人均 GDP 的三分类法下观察第一章第四节如表 1–3 所示的评判中小企业发达程度的四类 11 个统计指标值在地区间的差异情况，结果如表 3–9 所示。

表 3–9　11 个统计指标在三类地区的表现和检验值

统计指标	平均值			地区间差异检验值	
	发达地区	中等水平地区	欠发达地区	F 统计量	显著水平
人均资产拥有量（X_1）	254.551	114.305	110.203	10.082	0.000
资产负债率（X_2）	0.602	0.620	0.737	2.039	0.132

续表

统计指标	平均值			地区间差异检验值	
	发达地区	中等水平地区	欠发达地区	F统计量	显著水平
产品产销率（X_3）	93.426	91.444	92.609	0.879	0.416
人均销售收入（X_4）	188.542	132.354	95.182	6.720	0.001
人均利润（X_5）	14.907	6.370	2.748	11.070	0.000
资产贡献率（X_6）	17.158	15.814	11.197	1.583	0.207
研究开发（R&D）费用占销售总收入的比重（X_7）	1.148	0.176	0.420	4.328	0.014
人力资本开发投资率（X_8）	1.130	1.233	1.150	0.204	0.816
技术进步贡献率（X_9）	10.277	9.167	10.874	0.491	0.612
职工人均计算机拥有量（X_{10}）	1.911	1.687	1.591	0.680	0.507
出口收入占销售总收入的比重（X_{11}）	3.192	3.784	6.422	0.939	0.392

从表 3-9 大致可以看出，首先，11 个指标值在三类地区的差别主要体现在人均资产拥有量、人均利润、人均销售收入、研究开发（R&D）费用占销售总收入的比重这四个指标上，其显著水平约等于或低于 1%。其次，资产负债率和资产贡献率等两个指标也能在一定程度上去解释三个地区之间的差别，其显著水平分别为 13.2% 和 20.7%。

在这一感性和初步审视的基础上引入多步统计分析方法，选取威尔克斯（Wilks）λ 算法，纳入和剔除变量的显著水平分别为 5%（F=3.84）和 10%（F=2.71），数据按照各类包含的单位数进行加权，在经过两次迭代后模型就稳定下来，认定人均利润（X_5）和研究开发（R&D）费用占销售总收入的比重（X_7）是原 11 个指标中最有代表性且基本不共线（r =-0.036，显著水平 =0.531）的指标。具体结果如表 3-10 所示。

表3-10　三分类法多步加权判别过程和最终选取的两个代表性变量

过程	被选取的指标	容忍度（Tolerance）	剔除时的F值	威尔克斯 λ 值
第1步	人均利润（X₅）	1.000	11.151	—
第2步	人均利润（X₅）	0.994	11.881	0.972
	研究开发（R&D）费用占销售总收入的比重（X₇）	0.994	5.034	0.931

基于人均利润（X_5）和研究开发（R&D）费用占销售总收入的比重（X_7）构造的两个标准化典型判别函数分别为：

$$D_1 = 0.877X_5 + 0.554X_7$$

$$D_2 = -0.487X_5 + 0.836X_7$$

通过对标准化典型判别函数 D_1 和 D_2 进行分析可以看出，D_1 的作用最大，它能解释数据全部信息量的95.2%，并且很好地通过了统计检验，显著水平小于1%。D_2 的作用较弱，它的数据解释能力只有4.8%，并且不能很好地通过统计检验，显著水平为20.9%。由于判别函数至少得有两个，故一并留下。具体情况如表3-11所示。

表3-11　三分类多步加权方法下两个标准化典型判别函数的统计检验值

典型判别函数	特征值	特征值占比（%）	典型相关系数	威尔克斯 λ 值	χ^2 统计量	显著水平
D_1	0.104	95.2	0.307	0.901	31.399	0.000
D_2	0.005	4.8	0.072	0.995	1.578	0.209

根据这两个判别函数进一步得到的三个费希尔（Fisher）

线性分类函数如下：

$$C_1 = -1.800 + 0.042X_5 + 0.287X_7$$

$$C_2 = -2.018 + 0.018X_5 + 0.045X_7$$

$$C_3 = -0.556 + 0.008X_5 + 0.101X_7$$

其中，C_1、C_2 和 C_3 分别表示经济发达地区、经济中等水平地区和经济欠发达地区的类函数。

最后，基于这三个费希尔分类函数采用最大值定位原则对 309 个中小企业进行判别，得到的结果如图 3-1 所示。

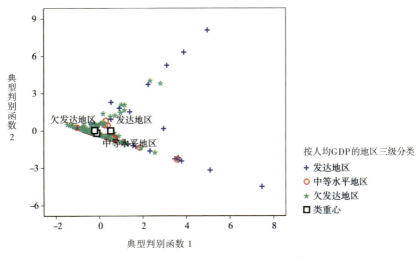

图 3-1　三分类法的多步加权判别结果示意图

三、三分类法的主成分判别

与多步分析所采用的变量"驻留"或"遗弃"思想不同，主成分分析法则是在原有变量的基础上去构建新的能代表原始变量的若干个新变量，这些新变量的数目较少，但能解释真实信息的较大部分，并且互不相关，从而解决了原始变量中的共线性或信息重叠问题。这些新的具有代表性的基于原始变量的线性组合就是主成分。

对表1-3的11个统计指标进行主成分分析，得到的待选的11个主成分的解释能力或信息贡献率的数据如表3-12所示。主成分的选择一般遵循大于平均值即特征值大于1的原则，若如此，本例则应提取4个主成分，但它们的总计信息贡献率不到60%，而第5至第9个主成分的单个贡献率均在6%以上且相互间的差距较小，碎石图较平滑，最后两个主成分的贡献均不到4%，碎石图较陡峭，呈骤降态。经综合权衡，尤其考虑到中小企业数据的缺乏以及河南样本规模与结构的制约，为了较充分利用数据，本书认为选取9个主成分是合适的，它们的总计信息解释能力接近95%，或者说，此时的总计信息损失只有5%左右。并且，这9个主成分对11个原始指标的单个替代能力都很强。具体共同度如表3-13所示。

表3-12　三分类法的各个备选主成分的方差解释能力

主成分序号	特征值	特征值占方差的比重(%)	特征值占方差的累计百分比（%）
1	2.507	22.787	22.787
2	1.411	12.824	35.611
3	1.260	11.451	47.063
4	1.137	10.337	57.400
5	0.965	8.769	66.169
6	0.892	8.107	74.276
7	0.823	7.479	81.755

续表

主成分序号	特征值	特征值占方差的比重(%)	特征值占方差的累计百分比(%)
8	0.789	7.168	88.923
9	0.652	5.931	94.854
10	0.355	3.227	98.081
11	0.211	1.919	100.000

表3-13　三分类法提取的9个主成分对11个原始指标的解释力（共同度）

统计指标	原始度量	被提取的比例
人均资产拥有量（X_1）	1.000	0.831
资产负债率（X_2）	1.000	0.999
产品产销率（X_3）	1.000	0.996
人均销售收入（X_4）	1.000	0.999
人均利润（X_5）	1.000	0.863
资产贡献率（X_6）	1.000	0.935
研究开发（R&D）费用占销售总收入的比重（X_7）	1.000	1.000
人力资本开发投资率（X_8）	1.000	0.999
技术进步贡献率（X_9）	1.000	0.999
职工人均计算机拥有量（X_{10}）	1.000	0.987
出口收入占销售总收入的比重（X_{11}）	1.000	1.000

在此基础上，通过方差最大凯泽正交旋转（Varimax with Kaiser Normalization）可以得到如下的主成分函数：

$$F_j = \sum_{i=1}^{11} S_{ij}X_i, \quad j = 1, \ 2, \ \cdots, \ 9$$

此时，凯泽—迈耶—奥金（Kaiser-Meyer-Olkin，KMO）

抽样适度值为 0.62，虽不是很高，但大于 0.5；巴特利特球形度近似 χ^2 值为 590.884，对应的显著水平值小于 0.01，拒绝原始指标相互独立的假设；这些均说明该数据基本符合进行主成分和因子分析的条件。进一步计算得到的主成分函数 Fj 的回归（Regression）因子分系数矩阵如表 3-14 所示。

表 3-14　三分类法提取的 9 个主成分的因子分系数矩阵

原始统计指标	提取的主成分序号								
	1	2	3	4	5	6	7	8	9
X_1	0.487	−0.337	−0.194	0.020	−0.100	−0.014	0.034	−0.067	0.030
X_2	0.026	0.095	0.048	1.015	−0.001	0.016	0.016	0.008	0.012
X_3	−0.045	−0.058	0.064	−0.003	1.006	−0.020	0.033	−0.005	−0.007
X_4	0.352	0.031	0.112	0.044	0.062	0.026	−0.014	0.008	0.017
X_5	0.386	0.247	−0.172	−0.015	−0.052	−0.088	0.006	0.034	−0.023
X_6	−0.055	0.851	−0.040	0.083	−0.055	0.059	0.007	−0.011	−0.021
X_7	0.013	0.006	0.026	0.017	0.034	−0.035	1.013	−0.067	−0.024
X_8	−0.038	0.059	0.088	0.017	−0.018	1.031	−0.036	−0.108	0.003
X_9	−0.014	0.001	−0.021	0.005	−0.004	−0.110	−0.066	1.033	−0.074
X_{10}	−0.123	−0.049	1.034	0.042	0.055	0.079	0.024	−0.021	0.016
X_{11}	0.015	−0.032	0.016	0.014	−0.009	0.004	−0.024	−0.077	1.012

利用提取的 9 个主成分，以事先确定的地区三级类属为变量，对被调查的 309 个中小企业进行判别分析，构建的两个标准化典型判别函数为：

$$D_1 = 0.818F_1 + 0.153F_2 - 0.005F_3 - 0.234F_4 + 0.093F_5 + 0.092F_6 + 0.503F_7 - 0.105F_8 - 0.215F_9$$

$$D_2 = -0.079F_1 - 0.396F_2 - 0.099F_3 + 0.383F_4 + 0.437F_5 -$$
$$0.322F_6 + 0.457F_7 + 0.373F_8 + 0.219F_9$$

与多步判别情况类似，两个标准化典型判别函数 D_1 和 D_2 比较，D_1 的作用最大，它的信息解析力为 86.5%，显著水平小于 1%，很好地通过了统计检验。D_2 的作用较差，它的信息解析力只有 13.5%，但要高于 D_2 在多步判别中的地位，但其也未能通过统计检验，显著水平为 59.5%。具体情况如表 3-15 所示。

表 3-15　三分类主成分加权方法下两个标准化典型判别函数的统计检验值

典型判别函数	特征值	特征值所占比重（%）	典型相关系数	威尔克斯 λ 值	χ^2 统计量	显著水平
D_1	0.141	86.5	0.351	0.858	45.587	0.000
D_2	0.022	13.5	0.147	0.978	6.466	0.595

根据这两个判别函数进一步得到的三个费希尔分类函数为：

$$C_1 = -1.512 + 0.519F_1 + 0.081F_2 - 0.006F_3 - 0.131F_4 +$$
$$0.071F_5 - 0.067F_6 + 0.328F_7 - 0.052F_8 - 0.124F_9$$

$$C_2 = -2.026 - 0.058F_1 + 0.128F_2 + 0.036F_3 - 0.115F_4 -$$
$$0.167F_5 + 0.126F_6 - 0.220F_7 - 0.124F_8 - 0.057F_9$$

$$C_3 = -0.558 - 0.220F_1 - 0.067F_2 - 0.006F_3 + 0.086F_4 +$$
$$0.008F_5 - 0.000F_6 - 0.095F_7 + 0.053F_8 + 0.070F_9$$

基于这三个费希尔分类函数对 309 个中小企业进行判别归类，得到的结果如图 3-2 所示。

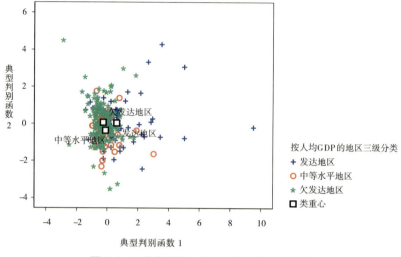

图 3-2　三分类法的主成分加权判别结果示意图

四、对三分类法判别结果的评析

在地区按照人均 GDP 的三分类法下，多步判别和主成分判别均显示，对高（经济发达地区）、低（经济欠发达地区）两个类型的判别效果较好，对中等经济水平地区的判别效果较差。水平较低的中小企业与经济欠发达地区的匹配度最高；水平较高的中小企业与经济发达地区的匹配度虽不理想，但层次感仍很强；而中等水平的中小企业与中等经济发达地区的匹配度较低，在加权的情况下，无论是多步判别，还是主成分判别，其匹配率甚至为 0。不同的数据降维和分析方法在这一点上表现出高度一致性，它可能属于一般规律，也彰显出我国尤其是河南中小企业目前的实际状况，那就是过渡型（中等水平）中小企业的地区属性不强。该特点可从判别函数的结构特征上清晰地表现出来，如图 3-3 所示。

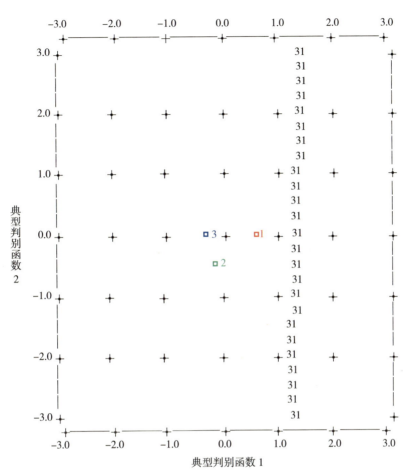

图 3-3   三分类法的主成分加权判别领域图

注：本图由 SPSS 10.0 绘出。图内的 1、2、3 分别表示"经济发达地区""经济中等水平地区"和"经济欠发达地区"，□为类重心。此外，为了能在一页中容下该图和减少篇幅，这里将行的六个标准单元格各删去了两行短线。

由图 3-3 可以看出，经济发达地区（1 类地区）和经济欠发达地区（3 类地区）虽然也存在一定的重叠，重心呈左偏态，但边界却十分清楚。经济中等水平地区（2 类地区）的情况则完全不同，在区域图中不见其踪影，它完全被淹没在 1 类和 2 类地区之中。

因此，为了更科学和更真实地揭示经济发展与中小企业发展的相关关系，本书将采取两分类法，继续进行判别分析。

五、两分类法的多步判别

反观原始数据，在样本 309 个有效单位中，隶属经济中等水平地区的中小企业只有 45 家，所占比例不到 15%，现将其一并略去，利用余下的 264 家中小企业进行分析。

前面曾给出了三分类法下各个指标观测值在地区间的差异情况及统计检验结果，这里再给出两分类法下的相应值及其变化的比较，如表 3-16 所示。

表 3-16　两分类法和三分类法下 11 个统计指标在地区间差异的变化比较

统计指标	平均值			三分类法下地区间差异的检验值		两分类法下地区间差异的检验值	
	发达地区	中等水平地区	欠发达地区	F统计量	显著水平	F统计量	显著水平
人均资产拥有量（X_1）	254.551	114.305	110.203	10.082	0.000	16.750	0.000
资产负债率（X_2）	0.602	0.620	0.737	2.039	0.132	3.065	0.081
产品产销率（X_3）	93.426	91.444	92.609	0.879	0.416	0.577	0.448
人均销售收入（X_4）	188.542	132.354	95.182	6.720	0.001	15.041	0.000
人均利润（X_5）	14.907	6.370	2.748	11.070	0.000	21.661	0.000
资产贡献率（X_6）	17.158	15.814	11.197	1.583	0.207	2.581	0.109
研究开发（R&D）费用占销售总收入的比重（X_7）	1.148	0.176	0.420	4.328	0.014	5.624	0.018

续表

统计指标	平均值			三分类法下地区间差异的检验值		两分类法下地区间差异的检验值	
	发达地区	中等水平地区	欠发达地区	F统计量	显著水平	F统计量	显著水平
人力资本开发投资率（X_8）	1.130	1.233	1.150	0.204	0.816	0.029	0.865
技术进步贡献率（X_9）	10.277	9.167	10.874	0.491	0.612	0.226	0.635
职工人均计算机拥有量（X_{10}）	1.911	1.687	1.591	0.680	0.507	1.464	0.227
出口收入占销售总收入的比重（X_{11}）	3.192	3.784	6.422	0.939	0.392	1.592	0.208

由表 3-16 可以看出，三分类法下 11 个指标的地区差别的根源主要表现在人均资产拥有量、人均利润、人均销售收入、研究开发（R&D）费用占销售总收入的比重这 4 个指标上，其显著水平约等于或低于 1%。在两分类法下这 4 个指标的作用仍是最突出的，但资产负债率、资产贡献率、职工人均计算机拥有量和出口收入占销售总收入的比重这 4 个指标的影响在提高。这表明两分法可能更趋合理，判别结果可能更优良，或者说更能体现我国中小企业目前的客观现状。

与三分法类似，在威尔克斯 λ 值算法下，选定进入和退出的临界值 F 分别为 3.84 和 2.71，数据按类中单位数赋权，在三次迭代后运算收敛并自动选取了人均利润（X_5）、研究开发（R&D）费用占销售总收入的比重（X_7）和人均资产拥有量（X_1）作为原 11 个指标的代表，具体结果如表 3-17 所示。

表 3-17　两分类法的多步加权判别过程和最终选取的三个代表性变量

过程	被选取的指标	容忍度（Tolerance）	剔除时的 F 值	威尔克斯 λ 值
第 1 步	人均利润（X_5）	1.000	21.661	
第 2 步	人均利润（X_5）	0.993	23.075	0.979
	研究开发（R&D）费用占销售总收入的比重（X_7）	0.993	7.014	0.923
第 3 步	人均利润（X_5）	0.745	9.129	0.916
	研究开发（R&D）费用占销售总收入的比重（X_7）	0.993	7.112	0.909
	人均资产拥有量（X_1）	0.747	3.896	0.898

　　由于只有两个类别，因此，根据人均资产拥有量（X_1）、人均利润（X_5）和研究开发（R&D）费用占销售总收入的比重（X_7）这三个指标建立的标准化典型判别函数就只有一个，即：

$$D = 0.417X_1 + 0.633X_5 + 0.486X_7$$

　　此时，标准化典型判别函数 D 的特征值为 0.130，它能独立解释数据中的全部信息；典型相关系数为 0.339，威尔克斯 λ 值为 0.885，χ^2 统计量为 31.464；它们都较好地通过了统计检验，显著水平小于 1%。

　　在典型判别函数基础上进一步构建的两个费希尔线性分类函数如下：

$$C_1 = -1.849 + 0.003X_1 + 0.021X5 + 0.258X_7$$

$$C_2 = -0.481 + 0.002X_1 - 0.004X5 + 0.092X_7$$

　　这里，C_1 和 C_2 分别是经济发达地区和经济欠发达地区的类函数。

　　根据这两个类函数对 264 家中小企业进行判别，可得到如图 3-4 所示的结果。

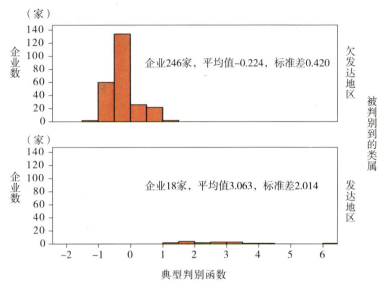

图 3-4　两分类法的多步加权判别结果示意图

从图 3-4 可以看出，利用标准化的典型判别函数对 264 家中小企业进行归类，被归入经济发达地区的有 18 家，典型判别函数值的平均分为 3.063，标准差为 2.014；被归入经济欠发达地区的有 246 家，典型判别函数值的平均分为 –0.224，标准差为 0.420。对两者典型判别函数值的平均分做方差分析（ANOVA），得到的 F 统计量为 423.373，显著水平远小于 1%，表明两者差距甚大，判别是有效的。

六、两分类法的主成分判别

同样，在两分类法下，也可以实施主成分判别分析，对表 1-3 的 11 个指标进行降维，得到备选的 11 个主成分的解释能力数据如表 3-18 所示。

表 3-18   两分类法的各个备选主成分的总方差解释能力

主成分序号	特征值	特征值占方差的百分比（%）	特征值占方差的累计百分比（%）
1	2.528	22.983	22.983
2	1.416	12.877	35.861
3	1.253	11.395	47.255
4	1.104	10.040	57.296
5	0.974	8.853	66.149
6	0.899	8.175	74.324
7	0.826	7.507	81.831
8	0.769	6.993	88.824
9	0.669	6.079	94.903
10	0.339	3.082	97.985
11	0.222	2.015	100.000

与三分类主成分判别方法一致，这里也适宜选取 9 个主成分，它们的总和信息解释能力也约为 95%，总和信息损失为 5% 左右。同样，这 9 个主成分对 11 个原始指标的独立代表能力也很强，如表 3-19 所示。

表 3-19   两分类法提取的 9 个主成分对 11 个原始指标的解释力（共同度）

统计指标	原始度量	被提取的比例（%）
人均资产拥有量（X_1）	1.000	0.831
资产负债率（X_2）	1.000	0.999
产品产销率（X_3）	1.000	0.997
人均销售收入（X_4）	1.000	0.824
人均利润（X_5）	1.000	0.857
资产贡献率（X_6）	1.000	0.947
研究开发（R&D）费用占销售总收入的比重（X_7）	1.000	1.000

续表

统计指标	原始度量	被提取的比例（%）
人力资本开发投资率（X_8）	1.000	0.998
技术进步贡献率（X_9）	1.000	0.998
职工人均计算机拥有量（X_{10}）	1.000	0.988
出口收入占销售总收入的比重（X_{11}）	1.000	1.000

　　仍然通过方差最大凯泽正交旋转得到主成分函数，此时的凯泽—迈耶—奥金抽样适度值为 0.632，巴特利特球形度近似 χ^2 值为 504.947 且其显著水平值远小于 1%，它们表明两分类下的数据同样可以进行主成分分析。通过回归模型得到的主成分函数表达式的系数矩阵如表 3-20 所示。

表 3-20　两分类法提取的 9 个主成分的因子分系数矩阵

原始统计指标	提取的主成分序号								
	1	2	3	4	5	6	7	8	9
X_1	0.475	−0.308	−0.192	−0.013	0.018	−0.087	−0.074	0.034	0.041
X_2	0.022	0.080	0.056	0.019	1.014	−0.011	0.021	0.018	0.003
X_3	−0.036	−0.046	0.051	−0.015	−0.012	1.004	0.014	0.035	0.004
X_4	0.356	0.015	0.099	0.031	0.042	0.051	0.001	−0.009	0.014
X_5	0.385	0.236	−0.170	−0.100	−0.019	−0.039	0.056	0.004	−0.019
X_6	−0.053	0.873	−0.042	0.073	0.072	−0.044	−0.031	0.005	−0.013
X_7	0.014	0.003	0.022	−0.038	0.019	0.035	−0.065	1.014	−0.024
X_8	−0.039	0.072	0.083	1.029	0.020	−0.014	−0.102	−0.038	0.000
X_9	−0.011	−0.020	−0.002	−0.104	0.018	0.014	1.031	−0.064	−0.082
X_{10}	−0.123	−0.051	1.039	0.075	0.050	0.043	−0.004	0.021	0.015
X_{11}	0.020	−0.022	0.015	0.001	0.005	0.003	−0.085	−0.024	1.014

基于 9 个主成分建立的标准化典型判别函数为：

$$D = 0.822F_1 + 0.199F_2 + 0.000F_3 - 0.081F_4 - 0.262F_5 + 0.094F_6 - 0.118F_7 + 0.471F_8 - 0.215F_9$$

此时，标准化典型判别函数 D 的特征值为 0.151，典型相关系数为 0.362，威尔克斯 λ 值为 0.869，χ^2 统计量等于 35.726，显著水平小于 1%，较好地通过了统计检验。

基于判别函数进一步得到的两个费希尔分类函数如下：

$$C_1 = -1.336 + 0.494F_1 + 0.115F_2 + 0.000F_3 - 0.046F_4 - 0.151F_5 + 0.054F_6 - 0.068F_7 + 0.275F_8 - 0.124F_9$$

$$C_2 = -0.405 - 0.222F_1 - 0.052F_2 - 0.000F_3 + 0.021F_4 + 0.068F_5 - 0.024F_6 + 0.031F_7 - 0.124F_8 + 0.056F_9$$

据此对 264 个中小企业进行判别归类，得到的结果如图 3-5 所示。

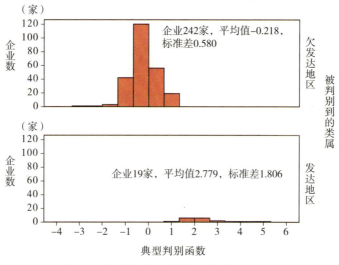

图 3-5　两分类法的主成分加权判别结果示意图

　　与两分类多步判别结果相一致，利用两分类主成分方法对 264 家中小企业进行归类，被归入经济发达地区的有 19 家，典型判别函数值的平均分为 2.779，标准差为 1.806；被归入经济欠发达地区的有 242 家，典型判别函数值的平均分为 −0.218，标准差为 0.580。另有三家中小企业待判。不同类属的典型判别函数值平均分差异的 F 统计量为 293.019，显著水平也远小于 1%，表明被判别到不同地区的中小企业有很大差异，判别结果有效。

七、逆向实证的八种结果与评析

　　前面从加权角度较详细地探讨了四种判别方法及结果，如果再考虑不加权即等概的情况，它同样有四种结果，这样共有八种结果，现将它们一并列于表 3-21 中。

表 3-21　逆向实证的八种结果与比较

原分类				判别归类			
				发达地区	中等水平地区	欠发达地区	合计
地区三级分类	多步判别	等概	企业数（家）发达地区	30	16	35	81
			中等水平地区	10	4	31	45
			欠发达地区	23	30	130	183
			所占比重（%）发达地区	37.0	19.8	43.2	100.0
			中等水平地区	22.2	8.9	68.9	100.0
			欠发达地区	12.6	16.4	71.0	100.0
			判别归类的总正确率 = 53.1%				

续表

原分类				判别归类			
				发达地区	中等水平地区	欠发达地区	合计
地区三级分类	多步判别	加权	企业数（家）	发达地区	17	0	64	81
				中等水平地区	2	0	43	45
				欠发达地区	5	0	178	183
			所占比重（%）	发达地区	21.0	0.0	79.0	100.0
				中等水平地区	4.4	0.0	95.6	100.0
				欠发达地区	2.7	0.0	97.3	100.0
			判别归类的总正确率 = 63.1%					
	主成分判别	等概	企业数（家）	发达地区	33	23	25	81
				中等水平地区	5	20	18	43
				欠发达地区	20	64	96	180
			所占比重（%）	发达地区	40.7	28.4	30.9	100.0
				中等水平地区	11.6	46.5	41.9	100.0
				欠发达地区	11.1	35.6	53.3	100.0
			判别归类的总正确率 = 49.0%					
		加权	企业数（家）	发达地区	18	0	63	81
				中等水平地区	2	0	41	43
				欠发达地区	3	2	175	180
			所占比重（%）	发达地区	22.2	0.0	77.8	100.0
				中等水平地区	4.7	0.0	95.3	100.0
				欠发达地区	1.7	1.1	97.2	100.0
			判别归类的总正确率 = 63.5%					
地区两级分类	多步判别	等概	企业数（家）	发达地区	35	—	46	81
				欠发达地区	25	—	158	183
			所占比重（%）	发达地区	43.2	—	56.8	100.0
				欠发达地区	13.7	—	86.3	100.0
			判别归类的总正确率 = 73.1%					

原分类				判别归类			
				发达地区	中等水平地区	欠发达地区	合计
地区两级分类	多步判别	加权	企业数（家） 发达地区	14	—	67	81
			企业数（家） 欠发达地区	4	—	179	183
			所占比重（%） 发达地区	17.3		82.7	100.0
			所占比重（%） 欠发达地区	2.2		97.8	100.0
			判别归类的总正确率 = 73.1%				
	主成分判别	等概	企业数（家） 发达地区	40	—	41	81
			企业数（家） 欠发达地区	36	—	144	180
			所占比重（%） 发达地区	49.4		50.6	100.0
			所占比重（%） 欠发达地区	20.0		80.0	100.0
			判别归类的总正确率 = 70.5%				
		加权	企业数（家） 发达地区	16	—	65	81
			企业数（家） 欠发达地区	3	—	177	180
			所占比重（%） 发达地区	19.8		80.2	100.0
			所占比重（%） 欠发达地区	1.7		98.3	100.0
			判别归类的总正确率 = 73.9%				

根据表 3-21 可以得出如下几个重要结论：

第一，不同方法虽存在一定差距，但整体上仍有规律性。比如，从判别归类的总正确率来看，最低为 49.0%，不足半数，最高为 73.9%，近 2/3，但从整体上讲，尤其是依据众数原则来看，可以认为判别归类的总正确率应在 73% 左右，从保守的观点来看，也至少应当在 63% 以上。

第二，地区两级分类下各种判别方法的效果最好。两级分类下判别归类的总正确率稳定在 70.5%~73.9%，变化甚小，极差仅为 3.4%，结果最具说服力。地区三级分类下的各种判别结果差异较大，判别归类总正确率在 49.0%~63.5%，变化很大，极差达 14.5%，结论说服力相对较差。

第三，多步判别和主成分判别的结果具有很强的一致性。比如，在地区三级分类时，等概下的多步判别和主成分判别的归类总正确率分别为 53.1% 和 49.0%，差距为 4.1%；加权下的多步判别和主成分判别的该数值分别为 63.1% 和 63.5%，差距仅为 0.4%。又如，在地区两级分类时，等概下的多步判别和主成分判别的归类总正确率分别为 73.1% 和 70.5%，差距为 2.6%；加权下的多步判别和主成分判别的相应值分别为 73.1% 和 73.90%，差距仅为 0.8%。

第四，加权和分类存在着交互效应。如果仅从判别归类的总正确率看，加权和不加权的结果虽然存在差异，在地区三级别分类时还较突出（比如，此时的多步等概判别的归类总正确率为 53.1%，而加权判别的归类总正确率为 63.1%，两者的差距为 10%；主成分等概和加权判别的归类总正确率分别为 49.0% 和 63.5%，其差距为 14.5%），但这种加权和不加权的区别在地区两级分类下几近消失（比如，此时的多步等概和加权判别的归类总正确率均为 73.1%，主成分等概和加权判别的归类总正确率分别为 70.5% 和 73.9%，差距仅为 3.4%）。而如果从判别结果的结构来看，加权和不加权则存在十分显著的区别。在地区三级分类法下，加权之后，无论是采用多步判别还是主成分判别，中等层次的中小企业与中等经济水平地区的匹配失败，判别归类的正确率均为0。并且，不管是地区三级分类还是两级分类，加权之后，层次较高中小企业与发达地区的匹配率明显下降，层次较低中小企业与欠发达地区的匹配率明显上升。其具体表现是：在地区三级分类法下，多步等概判别方法下，层次较高中小企业与发达地区的匹配率为37.0%，加权时该值下降到21.0%，等概时层次较低中小企业与欠发达地区的匹配率为71.0%，加权时该值上升到97.3%；主成分等概判别方法下层次较高中小企业与发达地区的匹配率为40.7%，加权时该值下降到22.2%，等概时层次较低中小企业与欠发达地区的匹配率为53.5%，加权时该值上升到97.2%。在地区两分法下，多步等概判别方法下层次较高中小企业与发达地区的匹配率为43.2%，加权时该值下降到17.3%，等概时层次较低中小企业与欠发达地区的匹配率为86.3%，加权时该值上升到97.8%；主成分等概判别方法下层次较高中小企业与发达地区的匹配率为49.4%，加权时该值下降到19.8%，等概时层次较低中小企业与欠发达地区的匹配率为80.0%，加权时该值上升到98.3%。

第五，欠发达地区中小企业间的差异较小，发达地区中小企业间的差异较大。在不同分类和不同判别方法下，层次较高的中小企业与发达地区的匹配率均比较低，判别正确率的平均值为31.325%，最高者属两分法下的主成分等概判别，数值为49.4%，仍不足50%，并且不同方法下的变化很大；最小值属两分法下的多步等概判别，数值仅为

17.3%，匹配率的极差为 32.1%，离散系数高达 102.474%。层次较低的中小企业与欠发达地区的匹配率均较高，判别正确率的平均值为 85.175%，最高者属两分法下的主成分等概判别，数值达到 98.3%，且各种方法下的变化相对较小；最小值属三分法下的主成分等概判别，数值为 53.5%，匹配率的极差为 44.8%，离散系数为 52.598%。这说明欠发达地区中小企业间的共性比较突出，发达地区中小企业的个性相对突出。现基于两分法多步加权下被遴选出的三个指标和判别函数分别做进一步的解释，其结果如表 3-22 所示。

由表 3-22 可以看出，在用来作为代表的人均资产拥有量（X_1）、人均利润（X_5）和研究开发（R&D）费用占销售总收入的比重（X_7）这三个指标以及判别函数（D），分别在发达地区和欠发达地区之间均存在很大差异，并在 1% 的显著水平上通过了检验。发达地区的这 4 个指标的标准差分别是欠发达地区相应值的 4.719、3.273、2.507 和 3.543 倍。这些差距不仅影响了发达地区的归类效果，还表明了发达地区中小企业之间差距较大，聚类性较差，欠发达地区中小企业之间差距较小，聚类性较强的特点。这一特点大致可以通俗地解释为：好的中小企业表现各异，差的小企业表现相似。当然，由于该数据为河南省的资料，从全国和更大区域来看，是否也具有这一特点，因无确切根据，本书不做演绎。

表3-22　两分法多步加权判别下发达地区和欠发达地区中小企业指标的比较

统计指标	平均值				标准差	
	发达地区	欠发达地区	F统计量	显著水平	发达地区	欠发达地区
人均资产拥有量（X_1）	254.551	110.203	16.697	0.000	456.278	96.700
人均利润（X_5）	14.907	2.748	21.406	0.000	32.366	9.888
研究开发（R&D）费用占销售总收入的比重（X_7）	1.148	0.420	5.828	0.016	3.500	1.396
判别函数（D）	0.535	-0.237	33.721	0.000	1.658	0.468

第六，从理论上讲，如果数据来自纯随机抽样，并且符合正态分布，采用加权方法是合理的，否则宜采用不加权即等概的方法。考虑本书所采用的数据具有混合特征，既具有一定的随机性，又不能完全符合理论假定，故将等概和加权的结果一并给出。在经过综合权衡后，本书认为在不同方法下最具稳定性的结论就是可取的，而地区两级分类对多步与主成分、等概与加权的敏感度较低，是合适的选择和较合理的结论。

第七，考虑到我国中小企业的统计调查制度目前还属阙如状态，中小企业的调查技术和方法还欠成熟，以及中小企业自身的管理和核算还很不到位等因素，判别结果的有效率达到73%左右，这应当是具有说服力的，如果再考虑到本数据仅来自河南这一区域，该结论就更应当令人满意。

第四章

基本结论与启示

第一节　基本结论

一个国家是否关心其中小企业，这同其时代背景和国情有着重要关系。从总体上看，中小企业的发展道路是曲折的。产业革命以前，企业规模普遍是小的，不会产生大、小企业谁更重要的问题，并且，正是大量的工厂手工业的存在构成了斯密学说和古典经济理论的现实基础。机器大工业的出现和现代工业体系的建立，尤其是当垄断成为社会普遍现实之后，企业的规模之争也就不可避免了。从马歇尔的新古典主义、张伯伦和罗宾逊夫人的不完全竞争理论、凯恩斯（J.M.Keynes）的总量经济学到萨缪尔森（P.Samuelson）的新古典综合经济学，一路走来的主流经济学派，都或明或暗地假设着规模经济。虽然中小企业仍然存在的现实让他们在一定程度上给予了关照，抑或说，在运用规模经济这一范畴时比较慎重和有所保留，但其潜意识仍是大企业主导论。非主流学派的熊彼特是一个杂家，他从创新角度，极力宣扬"大企业优越论"，这广泛而又深刻地影响着20世纪的学术界。而现实中的钢铁、石油、化工、汽车四大"物理巨人"所表现出的空前的资本积聚和生产集中，又无疑佐证着"大企业优越论"，致使不同的观点失语。与此同时，日益盛行的国家干预经济，使得政府成为一个巨大的操控器，虽然一些国家制定了"反托拉斯法"和"中小企业法"，但经济形势的变化与执政者的观点不同，也会对企业的大或小产生不同的偏好。与熊彼特时代大相径庭，20世纪末期以来，中小企业在全世界都备受重视，这与美国的"新经济"、全球的网络经济以及东南亚的经济危机密切相关。在这样的背景下，我国一些学者甚至认为"中小企业的发展是资本主义至今没有灭亡的重要原因"。[①]与主流经济理论和非主流的熊彼特的思想不同，以科斯为代表的新制度经济学虽然并不专一于企业研究，但它却是真正的企业理论的发祥地，是他们让企业走出了"混沌"，并努力回答企业的本质、企业的边界，以及"小企业联合起来能办成的事，一家大企业为什么就做不到，也不能做得更多呢？""为什么不把所有工作都组织在一个大企业里呢？"[②]在各种各样的答案中，仍是新制度经济学家的影响最大，其他各类经济学家、管理学家、人文学家和马克思主义者也都在努力回答这些问题，但因各执一词，难以令人信服。

本书认为，只有从"生产—消费—社会"三维立体地去观瞻中小企业，其存在的原因和合理性才能够得到较好的透视，结论也相对饱满。

企业大、小的本质属于大规模生产和小规模生产的问题，而生产规模又属于生产方式范畴，因此，应当首先从生

---

① 邱海平.中小企业的政治经济学［M］.北京：人民出版社,1975：237；周天勇.中小企业的发展是资本主义至今没有灭亡的重要原因［J］.中国党政干部论坛.2001（10）：31.

② 威廉姆森.资本主义制度［M］.段毅才，王伟译.北京：商务印书馆，2004：183.

产力的发展水平中去寻找原因。而科学技术水平又在其中起着根本作用，机器大工业是科技发展的结果，同样，当代许多产业趋向于小型化，也同样是科技尤其是高技术产业进一步发展的结果。

只从生产方式角度还不能很好地解读当今企业规模平均在缩小这一事实。这其中最能说明问题的可能不在生产方，而是在消费者。大规模生产的前提是具有稳定的长期需求，并且是在消费者十分注重价格的情况下才能成为现实的。随着收入水平的提高，当人们更注重产品的差异时，采用小规模生产的小企业就会大量产生。在流水线和标准化主导了一个世纪之后，逆反心理也在一定程度上推动人们更加追求个性化，网络化、全球化和生产技术的变革又在很大程度上强化着人们的这种意识并使其得以实现。更进一步讲，需求的非均质性是人类的天性，这就为中小企业提供了存在的基因。

另一个不容忽视的原因是政府。国家干预经济和政府制定规则在很大程度上影响着生产规模和企业大小。对发达国家而言，为了维护竞争，就必须抑制垄断，从而在一定程度上保护和促进中小企业的发展。对发展中国家而言，他们更愿意"跨越"，为了抵御国外大企业对本国经济的威胁，更乐于接受规模经济思想，力主资本和产业的集中，媒体也更加关注大企业，社会环境更有利于大企业的发展，或者在一定程度上放松对垄断的管制，从而事实上将小企业置于不利的位置。

　　由于本书前半部分是在述评的基础上去提出新观点的，因此也就不能完全离开既有成果的研究角度和线索，避开原因的诠释而奢谈合理性，是"因果论"和"合理论"的结合探讨。而后半部分的实证研究则专注于中小企业存在的合理性。得到的结论是：正向描述和逆向推断均证明区域经济发展水平同中小企业发达程度之间存在着显著的互动关系。通俗地说就是：一个地区经济发展水平越高，其中小企业也越发达；反之，中小企业较发达的地区，其经济发展水平也较高。因此，中小企业的存在是合理的。

第二节　几点启示

一、中小企业的发展呼唤科学的中小企业理论

　　本书多处谈到，综观国内外，中小企业的发展道路都不平坦。从国外较近的时期来看，20 世纪 70 年代后期，石油危机的爆发、欧洲国有化运动的不景气以及美国经济的滞胀所引发的各类问题，致使中小企业的作用日渐凸显，尤其是随着知识经济的到来，中小企业不仅提供了新增就业机会的主体部分，更显出其在高科技领域的领先地位，中小企业的发展生机勃勃，"小的是美好的"才逐渐为人赏识。但这并不意味着中小企业未来的前途一定光明，即使是像美国这样

市场经济比较完善的国家，中小企业的命运仍然在一定程度上受政府左右。比如：在哈佛学派的结构主义思想占主导地位的 20 世纪 70 年代，美国出现了一大批"反托拉斯"案件；10 年之后的 80 年代，由于美国自感到它的一些优势产业正面临来自日本和韩国等亚洲一些国家的威胁，而这些产业在日本和韩国却是大企业，从而认为实施严厉的反垄断政策可能削弱美国在这些产业上的竞争力，再加上施蒂格勒获得诺贝尔经济学奖，其所代表的芝加哥自由主义学派很快就占了上风，政府的规制和反托拉斯政策明显放松；20 世纪 90 年代，美国力主"新经济"，当微软成为行业巨头并构成垄断嫌疑时，政府竟作为原告打起了官司，这显然又是在维护行业竞争，是保护中小企业的行为。由此可见，中小企业的命运与国家政策休戚相关。我国中小企业的发展道路更加特殊，中小企业的命运可以用多舛来形容。新中国成立后，中小企业作为落后生产力的代表首先被加以改造，急于赶超，又几乎使我们成为大企业的偏执狂。虽然我们也曾认识到在一定程度上发展中小企业的必要性，比如，1957 年毛主席就说："我们必须逐步地建设一批规模大的现代化企业为骨干，没有这个骨干，就不能使我国在几十年内年变为现代化的工业强国。但是多数企业不应当这样做，应当更多地建设中小型企业，并且应当充分利用旧社会遗留下来的工业基础，力争节省，用较少的钱办更多的事。"① 但由于众所周

---

① 毛泽东.关于正确处理人民内部矛盾的问题［A］//毛泽东选集（第五卷）［C］.北京：人民出版社，1977：399.

知的原因，我们没能很好地贯彻下去。迈入 21 世纪的大门，社会对中小企业的认识仍未达到应有的高度，存在认识上的误区。只是在东南亚经济危机之后，特别是韩国"大企业病"的教训以及在我国日益严峻的就业压力之下，中小企业才更多地被人提及和关心，政府对其作用的认识也才更加清晰。即便如此，我国乡镇企业和个体经济发展中存在的诸多弊端仍然是人们认识中小企业的芥蒂，虽然我国已经颁布了《中小企业促进法》，各地将原乡镇企业管理局改造成为了中小企业管理局，但仍存在着制度和政策的缺位问题。

从表面上看，中小企业命运的坎坷好像只与一国的制度和政府政策直接关联，但事实上它还有更深层次和更基本的原因，那就是中小企业理论的严重落后，甚至可以说，到目前为止，还没有真正的或像样的中小企业理论。没有理论基础的政策也就谈不上科学和合理。因此，依本书之见，只有从理论上解决了中小企业存在的必然性和合理性问题，全社会从思想上提高了对中小企业的认识，认识到大、小企业的共生共荣，认识到经济发展与中小企业发展的紧密联系，着力培育众多的行业"小巨人"，而不是急于打造企业"帝国"，中小企业的发展才有根基，才更迅速。

在理论建设上，本书认为马克思的辩证法和唯物历史观仍然是研究者应当遵循的基本原则。但这其中也存在很大的难度，马克思只是在研究资本主义发展的基本规律的过程中论述了大生产和小生产问题，显然，它们分别代表了先进的生产力和落后的生产力，这与本书多处使用的大规模生产和小规模生产是不同的。由此可见，马克思本人那里没有可以直接拿来的东西，我们只能说用马克思主义的认识方法去研究中小企业问题。但人是具体的，他不仅要受到自己的知识和能力的限制，更重要的是受制于他所处的时代。就连薛暮桥和于光远这样的大家，当年也是认为中小企业是不得已而存在的，属于历史现象。[①]孙冶方对"大型狂"提出挑战时，[②]连同其他原因他被打为"中国经济学界头号现代修正主义分子"和"反革命分子"。在我国理论界真正认识到中小企业存在的必然性并进行分析且有一定影响的是李悦（1981）、李凌（1983）、邱海平（1997）和邓荣霖（1999）等，尤其是邓荣霖，他认为："不同规模企业的存在和发展，既是社会生产力发展的必然要求，又是社会化大生产的必然结果。"[③]但与其迥异甚至"左倾"的观点在我国仍有传统和基础。比如："中小企业在战后迅速发展的深刻原因，乃是国家垄断资本主义条件下资本基本矛盾的更加激化。"[④]"兼并是中小企业发展不可逆转的新趋势。"[⑤]20世纪70年代以后，发达资本主义国家中小企业兴起的"直接原因不是科技革命，而在于垄断生产关系本

① 林民书.中小企业生存空间的理论分析［J］.东南学术，2001（5）：44.

② 吴敬琏.发展中小企业是中国的大战略［J］.宏观经济研究，1999（7）：5.

③ 林民书.中小企业生存空间的理论分析［J］.东南学术，2001（5）：45.

④ 刘永瑞.关于战后发达资本主义国家中小企业的几个理论问题［J］.河北师范学院学报，1985（1）：121.

⑤ 屠端华，姜忠孝，张皓若，邰继红，武海南.兼并：中小企业发展不可逆转的新趋势［J］.中国人民大学复印报刊资料 工业经济，1988（8）：57.

身自我调整运动"。①坚持中小企业崛起是科技进步所致，就犯了马克思所说的"工艺学式"错误。②"中小企业存亡兴衰的变化，是大小资本的矛盾斗争在社会表面上的映射。"③等。

纵然中小企业存在合理性的理论问题解决了，在如何对待中小企业的具体政策上也还存在不少实际问题。比如，许多人认为，中小企业的发展需要扶持，还进一步提出了应从中小企业的界定、分类和评估等基础工作入手，逐步将其纳入法制的政策思路。但反对者却认为，"扶持"的概念本身就是谬误，政府的工作目标应当是促成不同规模企业平等竞争环境的形成和维护。而就我国的实际情况来看，目前还未能很好地培育出有利于中小企业健康发展的环境，但从政府政策上还是主张："要积极扶持中小企业特别是科技型企业，使它们向'专、精、特、新'的方向发展，同大企业建立密切的协作关系，提高生产的社会化水平。"④这一政策的理论依据是什么，我们可能无法回答。也许我们会说，中小企业不仅经济贡献巨大，也给我们带来了社会稳定，它们又比较秉弱，适当扶持是应该的。但这是情感，不符合经济学规

---

① 毕肖辉.当代西方国家中小企业存在和发展原因论析［J］.喀什师范学院学报,1993（1）：7.

② 毕肖辉.当代西方国家中小企业存在和发展原因论析［J］.喀什师范学院学报,1993（1）：9.

③ 毕肖辉.当代西方国家中小企业存在和发展原因论析［J］.喀什师范学院学报,1993（1）：10.

④ 中共中央关于国有企业改革和发展若干重大问题的决定［EB/OL］.http://www.people.com.cn/GB/shizheng/252/5089/5093/20010428/454976.html.

则。由此可见，中小企业的发展亟需科学理论的指导，而理
论建设又是那样不容易。

二、我国更需要大力发展中小企业

为什么要大力发展中小企业？从国内外学者所陈述的理
由来看，最重要的有三条：一是解决就业问题，二是推动技
术创新，三是维持合理的市场结构。比较而言，我国学者
更愿意用第一条来说明发展中小企业对我国国民经济发展
尤其是社会稳定的巨大作用，后两条在发达国家则更加被
强调。

中小企业是否能够较好地解决就业问题，学者们的观点
并不完全一致。有人认为：中小企业本身并不具备吸收劳
动力就业的天然优势。事实上，无论是中小企业还是大企
业，都主要受技术进步和技术创新的影响。技术进步在导致
失业的同时，也促使企业规模小型化。中小企业就业比重的
增加，并不说明它在解决失业问题上具有优势，而只是说明
技术创新正在发挥作用，公司在改革，并使企业规模越来越
小型化。[1]但绝大部分文献都赞成中小企业是缓解就业压力
和解决失业问题的主要领域，美国、德国、意大利、日本等
国家在中小企业中就业的人数占全社会就业总数的比重分别

---

[1]　袁礼斌.关于中小企业发展的几个基本理论问题［J］.经济学动态，2000（1）：16.

为 60%、69.3%、70% 和 67%。^①李子奈曾归纳："国际经验表明，无论是发达国家还是新兴工业化国家，都是依靠中小企业吸纳劳动力。美国 80 年代以来 80% 的就业机会是由中小企业创造的；德国 80 年代以来 80% 的就业岗位是由不到 20 人的小企业创造的；日本 70 年代第二、第三产业新创造的就业岗位中 93% 属于小企业；韩国制造业中小企业就业人数占 65%。"^②目前我国"城镇就业人员的 75%、农业劳动力转移的 80% 是由中小企业吸纳的。"^③周天勇则进一步指出："有资料说，中国中小企业占全部企业数量的 99%，与国外相差无几。这是没有详细数据比较得出的错误结论。中国企业的平均就业人数偏多，按人口规模比较，中小企业数量与国外相差 10～15 倍。"^④"到 2010 年中国城镇应当有 6600 余万个中小企业，才能较为理想地解决城镇就业问题，防止城镇贫困蔓延和扩大，保持社会的长久安定。"^⑤观点可能有所不同，但事实是，"发展中小企业，是在 1998 年 4 月讨论如何分流安置国有企业下岗职工的时候提出来的。为什么那

---

① 曹昱，甘当善，李强. 小型企业：美国新经济的助推器［M］. 上海：上海财经大学出版社，2003；郑春荣. 中小企业：德国社会市场经济的支柱［M］. 上海：上海财经大学出版社，2003：14；刘乃全，李勇辉，王琴. 中小企业：意大利通向繁荣之路［M］. 上海：上海财经大学出版社，2003；王振，孙林，虞震. 中小企业：日本经济活力的源泉［M］. 上海：上海财经大学出版社，2003：19.

②③ 清华大学中国经济研究中心，http://www.ncer.tsinghua.edu.cn/research/trend/papers/27.htm.

④ 周天勇. 发展中小企业：未来社会稳定最重大的战略［J］. 中国工业经济，2000（7）：5.

⑤ 周天勇. 发展中小企业：未来社会稳定最重大的战略［J］. 中国工业经济，2000（7）：6.

个时候会提出这个问题？是因为国有企业改革进入了攻坚阶段，一个突出的社会问题就是有上千万国有企业下岗，造成社会矛盾"。[①] 而原来设想的城市再就业中心又不能如愿地解决这一问题，所以就想到了中小企业。这也是第一次最郑重地将中小企业作为头等大事来做。如果再回顾历史，20世纪80年代到90年代初的三次大的就业压力都是通过扶持和发展中小企业而逐步得到解决的；城镇集体企业的发展解决了大批回城知青的工作安排，第三产业和劳动服务公司的发展缓解了城市大批待业青年的就业压力，乡镇企业的发展更是为大批农村剩余劳动力解决了就业出路问题。本书认为，我国目前的中小企业仍是以密集型产业为主体的，自然就有着就业优势，因此，不能让"崇大"的传统继续作怪，不能将"抓大放小"演变成实际的"留大弃小"。

从更深层次讲，本书赞同林毅夫的"我国最具竞争力的企业主体是中小企业"的观点。他认为，目前有一种观念在国内理论界和实践部门广为流行，"我国应该主要发展资金密集、技术尖端、规模巨大的企业或企业集团"，这是有悖国情的，是旧体制下赶超战略的思想在新发展阶段里的表现。事实上一国产业的竞争力取决于其产品成本水平，成本越低竞争力越强。我国目前仍属于资本相对短缺、劳动力相对丰富的要素禀赋结构，而这样的生产活动所处的产业阶段主要包括高技术产业中技术层次较低的区段，以及其他大量的劳动密集型产业中的相应区段。只有处于这些产业区段里的生

---

① 吴敬链. 发展中小企业是中国的大战略［J］. 宏观经济研究，1999（7）：5.

产活动，才具备在市场竞争中的"自生能力"，才能靠其自身的力量自我积累、自我发展。在长期内，比较优势战略不是无所作为，而是"小步快走"，是国民经济可持续发展的唯一正确的道路。直到 21 世纪初，我国最具竞争力的企业，是生产活动处于具有自生能力的产业区段内的企业，这些企业的主体就是中小企业。①

人的全面发展是马克思的重要命题，甚至可以说是马克思主义理论体系的灵魂，也是社会主义发展所追求的基本目标之一。从这个角度说，舒马赫所言的"大众生产，而非大量生产"②就成为非常重要的了，发展中小企业是关乎人类前途和幸福的大事，作为社会主义的中国，理当义不容辞。

当然，除上述理由之外，我们也同样需要通过中小企业去实现创新，通过发展中小企业去维护正常的市场竞争秩序。

三、研究中小企业问题应当有一些量子观

有一场争论被许多人视为是人类有史以来水平最高、最深刻的思想争鸣，那就是一方以爱因斯坦（A.Einstein）为首，另一方以玻尔（N.Bohr）为首的电子"波粒二象性"之争。从亚里士多德（Aristotle）到哥白尼（N.Copernicus），

---

① 林毅夫.我国最具竞争力的企业主体是中小企业［J］.中国人民大学复印报刊资料 工业企业管理，2001（3）：51.

② 舒马赫.小的是美好的［M］.李华夏译.南京：译林出版社，2007：52.

从牛顿（I.Newton）到爱因斯坦，可知论者坚持的都是"肯定观"和"因果论"，这一思维传统最恰当的概括就是拉普拉斯（P.Laplace）所言的："我们应当把宇宙的现状看作它先前状态的结果以及它的后继状态的原因。假定在某一时刻，有一种智慧能够把握自然界所有的力以及组成自然界的一切事物的特定状况——这种智慧博大精深足以对所掌握的资料进行分析——那么，它就能将宇宙间从最庞大的物体到最微小的原子的运动全都囊括于同样的公式中，对于它来说，没有什么是不确定的，未来，一如过去，都呈现在它的眼前。"① 因此，按照传统的观念，光子要么是"粒"，要么是"波"，两者必居其一，不能"既粒又波"。但是，一些著名的试验却告诉我们，光子是"粒"还是"波"取决于"试验手段"，而试验手段本身不仅无可挑剔，又那么符合传统。这不仅困扰着一般的物理学家，更让伟大的爱因斯坦百思不得其解，虽然爱因斯坦也是量子思想的先驱和支持者之一，但他不能容忍量子观彻底推翻了他奉为圭臬已达几千年之久的"铁律"。到死，爱因斯坦都不满意量子理论并在很大程度上怀疑着它。而爱因斯坦之后却迎来了量子物理的新时代，他与玻尔之争的硝烟虽然至今还没有归于沉寂，但胜者已经是不言自明的了。由于爱因斯坦（1944）有一句名言："上帝不会掷骰子！上帝是入微的（subtle）的，不会搞恶作剧！"② 而玻尔则反讥道："爱因斯坦，别去指挥上帝怎

---

① 陈克艰.上帝怎样掷骰子［M］.成都：四川人民出版社，1987：13-17.

② http://scienceworld.wolfram.com/biography/Einstein.html。

么做！"① 后来，人们就将这场伟大的争论名为"上帝掷骰子吗？"虽然相对论和量子力学构成了 20 世纪物理学的两根擎天柱，但杨振宁在自己的回忆录中还是认为，爱因斯坦不仅让跟着他的那些人走进了胡同，甚至可以说整整耽误了一代物理学家。

量子理论告诉我们一个惊人的结论：凭空问"本质"是毫无意义的，"本质"寓于所观察的"手段"之中，世界是不肯定的，它遵从"或然率"而不是"因果律"，基于概率的意义上去发现事物的统计律，研究结果才是真实的，也更有用。由此可见，量子理论给人最重要的启示就是研究工具的重要性和关键性。

据此我们可以说，如果数据的采集是恰当的，统计方法是科学的，将一个国家或地区的经济发展水平与其中小企业的发达程度进行双向的关联分析，如果能得到两者之间较强的互动关系表现，那就等于说中小企业存在的合理性获得了证明。

四、应当建立常规的中小企业统计制度

数据匮乏甚至阙如是目前困扰中小企业理论研究和制度建设最重要的方面之一。我国至今没有部级的中小企业管理机构，原来只是在国家经济贸易委员会设立了中小企业司，现已合并到国家发展和改革委员会，各省份只是将原来的乡

---

① 曹天元.上帝掷骰子吗——量子物理史话［M］.沈阳：辽宁教育出版社，2006：280.

镇企业管理局更名为中小企业管理局，但功能还十分不到位，也没有真正意义上的统计调查和数据归集。我国的国家统计体系中目前也没有很好的中小企业统计。因此，建立常规的中小企业统计制度和国家级中小企业数据库，为中小企业的理论研究、政府政策制定以及能更好地为中小企业服务提供基本依据，也是本书研究所得到的主要启示之一。

参考文献

［1］吴敬琏.发展中小企业是中国的大战略［J］.宏观经济研究，1999（7）.

［2］林毅夫.我国最具竞争力的企业主体是中小企业［J］.中国人民大学报刊复印资料 工业企业管理，2001（3）.

［3］周天勇.发展中小企业：未来社会稳定最重大的战略［J］.中国工业经济，2000（7）.

［4］周天勇.中小企业的发展是资本主义至今没有灭亡的重要原因［J］.中国党政干部论坛，2001（10）.

［5］徐文通.试论中小企业及其在"四化"建设中的作用［J］.学习与研究，1981（6）.

［6］李康.要重视和合理发展中小企业［J］.经济与管理研究，1982（3）.

［7］刘永瑞.关于战后发达资本主义国家中小企业的几个理论问题［J］.河北师范学院学报，1985（1）.

［8］田伯平.西方国家中小企业在国民经济中的地位和作用［J］.国外社会科学情况，1985（6）.

［9］祝世齐.发达国家的中小企业［J］.经济与管理，1986（4）.

［10］屠端华，姜忠孝，张皓若，邰继红，武海南.兼并：中小企业发展不可逆转的新趋势［J］.中国人民大学报刊复印资料　工业经济，1988（8）.

［11］刘林森.在逆境中奋起的国外中小企业［J］.世界机械工业，1989（11）.

［12］毕肖辉.当代西方国家中小企业存在和发展原因论析［J］.喀什师范学院学报，1993（1）.

［13］陈增军.中小企业：不该遗忘的角落［J］.改革之声，1994（10）.

［14］李静.我国中小企业存在的必要性及其发展［J］.天山论坛，1999（3-4）.

［15］罗云兵.经济增长与发展中小企业［J］.经济界，2000（3）.

［16］姚大云.中小企业的竞争优势及对经济发展的贡献［J］.经济问题，2002（1）.

［17］顾颖.中产经济理论与我国中小企业发展［J］.社会科学辑刊，1999（3）.

［18］袁礼斌.关于中小企业发展的几个基本理论问题［J］.经济学动态，2000（1）.

［19］林汉川，魏中奇.中小企业存在理论述评［J］.经济学动态，2000（4）.

［20］李庚寅，黄宁辉.中小企业理论演变探析［J］.经

济学家，2001（3）.

［21］张玉利，段海宁.中小企业生存与发展的理论基础［J］.南开管理评论，2001（2）.

［22］李政军.中小企业存在原因的一般分析［J］.南京审计学院学报，2005（8）.

［23］李政军.试论中小企业的存在原因与产业分布规律［J］.南京师范大学学报（社会科学版），2003（3）.

［24］马刚.中小企业生存与发展理论述评［J］.中央财经大学学报，2001（11）.

［25］马刚.西方中小企业生存与发展理论述评［J］.经济评论，2002（3）.

［26］林民书.中小企业生存空间的理论分析［J］.东南学术，2001（5）.

［27］汪前元.中小企业存在的多视角分析［J］.湖北大学学报（哲学社会科学版），2000（7）.

［28］陈胜军，杨松华.中小企业生存理论初探［J］.经济问题，2000（2）.

［29］何平.试论西方发达国家中小企业生存和发展的社会经济原因［J］.皖西学院学报，2002（2）.

［30］蔡承彬.中小企业的存在机理分析与发展思路［J］.广西商业高等专科学校学报，2003（6）.

［31］冯杰，胡立新.试论中小企业存在与发展的理论根据［J］.技术经济，2000（4）.

［32］曹冬梅.探索中小企业存在与发展的理论和现实意

义［J］.乡镇经济，2003（7）.

［33］孙杰.试论中小企业的存在与发展［J］.理论与现代化，1999（4）.

［34］黄维民.中小企业存在理论指导下的发展模式设计及其选择［J］.华东经济管理，2001（10）.

［35］李庚寅，王孝仙.中小企业存在的领域——中小企业行业定位理论述评［J］.生产力研究，2005（5）.

［36］贾书章.中小企业存在和成长的不同阶段之经济学释义——兼议我国中小企业的成长路径［J］.集团经济研究，2006（20）.

［37］郑凤田，唐忠.我国中小企业簇群成长的三维度原则分析［J］.中国工业经济，2002（11）.

［38］张元智，马鸣萧.企业规模、规模经济与产业集群［J］.中国工业经济，2004（6）.

［39］郑健壮，吴晓波.中小企业集群经济持续发展动因［J］.经济理论与管理，2002（3）.

［40］谯薇.我国中小企业集群发展的思考［J］.经济体制改革，2002（6）.

［41］蓝海林，蒋峦，谢卫红.中小企业集群战略研究［J］.中国软科学，2002（11）.

［42］蓝海林，贾建忠，蒋峦.珠江三角洲地区中小企业集群成因研究［J］.经济纵横，2002（3）.

［43］贾建忠.中小企业对地区可持续发展的影响研究——兼对广东珠三角中小企业发展的调查分析［J］.中国

软科学，2002（9）.

　　［44］胡钧浪.企业簇群与中小企业发展［J］.特区经济，2002（12）.

　　［45］冯德连.中小企业与大企业共生模式分析［J］.财经研究，2000（6）.

　　［46］彭武元，方齐云.中小企业发展的产业组织理论视角［J］.华中科技大学学报（人文社会科学版），2002（2）.

　　［47］陈招顺，翁全龙，孟学聪.新技术革命与西方国家中小企业的崛起［J］.经济与管理研究，1984（5）.

　　［48］刘东，杜占元.中小企业技术创新的理论考察［J］.中国人民大学报刊复印资料　工业企业管理，1997（9）.

　　［49］祁军，何维达.对大企业与中小企业技术创新优势的探讨［J］.财经问题研究，2002（5）.

　　［50］周国红，陆立军.科技型中小企业创新绩效的行为因素研究［J］.数量经济技术经济研究，2001（9）.

　　［51］魏奇英.中小企业创造发明多［J］.发明与改革，1986（1）.

　　［52］鲍晓锋.中小企业竞争的五大优势［J］.企业家半月谈，1989（1）.

　　［53］匡茂华，洪美玲.中小企业的"缝隙"战略［J］.企业管理，2002（3）.

　　［54］张永生.中小企业发展的国际比较、理论解释及中国问题分析［J］.中国人民大学报刊复印资料　工业经济，2001（8）.

［55］孙洛平.竞争力与企业规模无关的形成机制［J］.经济研究，2004（3）.

［56］王缉慈.从企业规模探寻产业组织的科学性［J］.中国工业经济，1997（7）.

［57］林金忠.中小企业也能实现规模经济［J］.经济学家，2001（2）.

［58］罗元青.规模经济、竞争与中小企业的存在与发展［J］.四川师范大学学报（社会科学版），2004（1）.

［59］刘凤芹，谢适汀.论企业的边界与规模——近期文献的一个评述［J］.社会科学战线，2005（2）.

［60］程承坪.科斯的企业边界和规模理论再思考［J］.管理科学，2004（6）.

［61］李广乾.论科斯理论存在的问题［J］.福建论坛（经济社会版），2000（9）.

［62］刘璇.规模经济理论与厂商规模无关论［J］.经济问题探索，2005（12）.

［63］欧阳文和，高政利，李坚飞.零售企业规模无边界的理论与实证分析［J］.中国工业经济，2006（4）.

［64］冯志坚.企业起源、规模变迁与企业边界［J］.环渤海经济瞭望，2005（5）.

［65］徐忠爱.企业边界理论发展的基本脉络［J］.商业研究，2006（19）.

［66］管晓永.中小企业界定的理论标准与实践标准［J］.经济学家，2002（4）.

［67］林汉川，夏敏仁，何杰，管鸿禧．中小企业发展中所面临的问题——北京、辽宁、江苏、浙江、湖北、广东、云南问卷调查报告［J］．中国社会科学，2003（2）．

［68］林汉川，管鸿禧．我国东中西部中小企业竞争力实证比较研究［J］．经济研究，2004（12）．

［69］潘镇，鲁明泓．基于价值链之上的企业竞争力———项对457家中小企业的实证研究［J］．中国人民大学报刊复印资料　工业企业管理，2003（3）．

［70］周国红，陆立军．企业R&D绩效测量的实证研究——基于对1162家浙江省科技型中小企业问卷调查与分析［J］．科学学与科学技术管理，2002（3）．

［71］王海林等．哪些中小企业成长得快——成长型中小企业发展报告［J］．新华月报，2001（7）．

［72］程伟庆，李艳荣．"小"的是美好的——美国中小企业的成功及对我国的启示［J］．中国乡镇企业，1995（3）．

［73］唐绍欣．充满辩证法的经济学——读舒马赫《小的是美好的》［J］．博览群书，1986（8）．

［74］程仲文．《小的是美好的》中的人学观点［J］．上海大学文学，1985（2）．

［75］王挺．别忘了小的长处——读舒马赫的《小的是美好的》有感［J］．中国经济问题，1988（6）．

［76］张黎华，张文国．中小企业扶持的理论基础——价值目标的构建和实现［J］．亚太经济，2002（4）．

［77］林毅夫，李永军．中小金融机构发展与中小企业融

资［J］.经济研究，2001（1）.

［78］黄少安，魏建.国有中小企业产权改革及政府在改革中的角色［J］.经济研究，2000（10）.

［79］周述实，姜安印.中国中西部中小企业发展研究［J］.甘肃社会科学，1997（3）.

［80］陈洪隽.西部大开发不应忽视中小企业［J］.数量经济与技术经济研究，2000（6）.

［81］霍克.中小企业在经济发展中的作用［J］.世界经济译丛，1982（10）.

［82］科斯.企业的性质［A］.陈郁译.盛洪.现代制度经济学（上卷）［C］.北京：北京大学出版社，2003.

［83］熊彼特.资本主义、社会主义和民主［M］.绛枫译.北京：商务印书馆，1979.

［84］舒马赫.小的是美好的［M］.李华夏译.南京：译林出版社，2007.

［85］斯密.国民财富的性质和原因的研究［M］.郭大力，王亚南译.北京：商务印书馆，1972.

［86］穆勒.政治经济学原理及其在社会哲学上的若干应用［M］.赵荣潜，桑炳彦，朱泱，胡企林译.北京：商务印书馆，1991.

［87］马歇尔.经济学原理［M］.朱志泰译.北京：商务印书馆，1964.

［88］张伯伦.垄断竞争理论［M］.郭家麟译.北京：三联书店，1958.

［89］威廉姆森.资本主义制度［M］.段屹才，王伟译.北京：商务印书馆，2004.

［90］钱德勒.看得见的手——美国企业的管理革命［M］.重武译.北京：商务印书馆，1987.

［91］钱德勒.企业规模经济与范围经济——工业资本主义的原动力［M］.张逸人，陆钦炎，徐振东，罗仲伟译.北京：中国社会科学出版社，1999.

［92］钱德勒.大企业和国民财富［M］.柳卸林主译.北京：北京大学出版社，2004.

［93］波特.竞争战略［M］.陈小悦译.北京：华夏出版社，2005.

［94］波特.竞争论［M］.高登第，李名轩译.北京：中信出版社，2003.

［95］波特.国家竞争优势［M］.李名轩，邱如美译.北京：华夏出版社，2002.

［96］德勒巴克.新制度经济学前沿［M］.张宇燕等译.北京：经济科学出版社，2003.

［97］盛洪.现代制度经济学［M］.北京：北京大学出版社，2003.

［98］盛洪.分工与交易 —— 一个一般理论及其对中国非专业化问题的应用分析［M］.上海：三联书店、上海人民出版社，2006.

［99］刘元春.交易费用分析框架的政治经济学批判［M］.北京：经济科学出版社，2001.

［100］张永生.厂商规模无关论——理论与经验证据［M］.北京：中国人民大学出版社，2003.

［101］杨小凯.经济学——新兴古典与新古典框架［M］.北京：社会科学文献出版社，2003.

［102］杨小凯，张永生.新兴古典经济学和超边际分析［M］.北京：中国人民大学出版社，2000.

［103］邱海平.中小企业的政治经济学［M］.北京：经济科学出版社，2002.

［104］袁纯清.共生理论——兼论小型经济［M］.北京：经济科学出版社，1998.

［105］吴飞驰.企业的共生理论——我看见了看不见的手［M］.北京：人民出版社，2002.

［106］林汉川，魏中奇.中小企业存在与发展［M］.上海：上海财经大学出版社，2001.

［107］林汉川，魏中奇.小企业发展与创新［M］.上海：上海财经大学出版社，2001.

［108］林汉川.WTO与中小企业转型升级［M］.北京：经济管理出版社，2002.

［109］张利胜，狄娜.中小企业信用担保［M］.上海：上海财经大学出版社，2001.

［110］陆世敏.中小企业与风险投资［M］.上海：上海财经大学出版社，2001.

［111］沈玉良，浦再明，黄辉.中小企业产业选择［M］.上海：上海财经大学出版社，2001.

［112］曹昱，甘当善，李强.小型企业：美国新经济的助推器［M］.上海：上海财经大学出版社，2003.

［113］郑春荣.中小企业：德国社会市场经济的支柱［M］.上海：上海财经大学出版社，2003.

［114］刘乃全，李勇辉，王琴.中小企业：意大利通向繁荣之路［M］.上海：上海财经大学出版社，2003.

［115］王振，孙林，虞震.中小企业：日本经济活力的源泉［M］.上海：上海财经大学出版社，2003.

［116］刘王工.中小企业创办、生存和关闭的实证分析——美国中小企业发展研究［M］.北京：经济科学出版社，2004.

［117］周立群，谢思全.中小企业改革与发展研究［M］.北京：人民出版社，2001.

［118］俞建国.中小企业发展战略研究［M］.北京：人民出版社，2002.

［119］徐林发.中小企业改制［M］.广州：广东人民出版社，2002.

［120］锁箭.中小企业发展国际比较［M］.北京：中国社会科学出版社，2001.

［121］李亦亮.企业集群发展的框架分析［M］.北京：中国经济出版社，2006.

［122］申恩平.企业群落与厂商行为［M］.杭州：浙江大学出版社，2006.

［123］张元智，马鸣萧.产业集群——获取竞争优势的

空间［M］.北京：华夏出版社，2006.

　　［124］冯德连等.经济全球化下中小企业集群的创新机制研究［M］.北京：经济科学出版社，2006.

　　［125］朱永华.中小企业集群发展与创新［M］.北京：中国经济出版社，2006.

　　［126］符正平等.中小企业集群生成机制研究［M］.广州：中山大学出版社，2004.

　　［127］吴国林.广东专业镇：中小企业集群的技术创新与生态化［M］.北京：人民出版社，2006.

　　［128］毕克新.中小企业技术创新测度与评价研究［M］.北京：科学出版社，2006.

　　［129］王晓敏.成长型中小企业运行模式［M］.北京：中国经济出版社，2002.

　　［130］张圣平，魏学坤.民营及中小企业发展［M］.北京：经济科学出版社，2004.

　　［131］刘曼红.中国中小企业融资问题研究［M］.北京：中国人民大学出版社，2003.

　　［132］张捷.结构转型时期的中小企业金融研究［M］.北京：经济科学出版社，2003.

　　［133］白钦先，薛誉华.各国中小企业政策性金融体系比较［M］.北京：中国金融出版社，2001.

　　［134］易国庆.中小企业政府管理与政策支持体系研究［M］.北京：企业管理出版社，2001.

　　［135］国家经贸委中小企业司.中小企业政策法规指导

与实践［M］.北京：工商出版社，2002.

［136］陈乃醒.中国中小企业发展与预测1999［M］.北京：民主与建设出版社，2000.

［137］陈乃醒.中国中小企业发展与预测2000［M］.北京：民主与建设出版社，2001.

［138］陈乃醒.中国中小企业发展与预测2002~2003［M］.北京：经济管理出版社，2002.

［139］陈克艰.上帝怎样掷骰子［M］.成都：四川人民出版社，1987.

［140］曹天元.上帝掷骰子吗——量子物理史话［M］.沈阳：辽宁教育出版社，2006.

［141］普利高津.确定性的终结——时间、混沌与新自然法则［M］.湛敏译.上海：上海科技教育出版社，1998.

［142］霍金.霍金讲演录［M］.杜欣欣，吴忠超译.长沙：湖南科学技术出版社，2001.

［143］克莱因.数学：确定性的丧失［M］.李宏魁译.长沙：湖南科学技术出版社，2000.

［144］马克思.资本论［M］.北京：人民出版社，1975.

［145］毛泽东.毛泽东选集［M］.北京：人民出版社，1977.

［146］张俊喜，马钧，张玉利.中国中小企业发展报告No.1［M］.北京：社会科学文献出版社，2005.

［147］国家统计局企业调查总队.风物长宜放眼量——中小企业发展问题研究［M］.北京：中国统计出版社，2003.

［148］中国统计年鉴（2003）［M］.北京：中国统计出版社，2003.

［149］中国统计年鉴（2004）［M］.北京：中国统计出版社，2004.

［150］中国统计年鉴（2006）［M］.北京：中国统计出版社，2006.

［151］河南省统计局企业调查队，《中小企业发展问题调查》原始数据库［Z］.2001.

［152］刘定平.区域经济发展水平与中小企业发达程度的关系测度［J］.数量经济技术经济研究，2004（5）.

［153］刘定平.比较与启示［J］.中国统计，2005（6）.

［154］刘定平.加入WTO后河南中小企业发展的战略［J］.经济经纬，2002（3）.

［155］郑东涛，刘定平.河南中小工业企业的现状与发展策略研究［J］.企业活力，2002（6）.

［156］郑东涛，刘定平.河南中小工业企业发展的基本特征［J］.河南省情与统计，2001（9）.

［157］刘定平，魏秀玉，郑东涛.河南中小工业企业生产运营的基本特征［J］.河南省情与统计，2001（10）.

［158］刘定平.中小工业企业融资中存在的问题及思考［J］.河南省情与统计，2001（12）.

［159］刘定平.中小工业企业人力资源的开发与管理现状［J］.河南省情与统计，2002（1）.

［160］刘定平.改善社会环境　促进河南中小工业企业

的发展［J］.河南省情与统计，2002（3）.

［161］刘定平.加入WTO后发展我省中小工业企业的政府政策取向分析［R］.河南省社科联和经团联征文，2002.

［162］郑东涛，刘定平.河南中小企业发展问题研究［R］.河南省统计局宏观经济研究室课题，2001.

［163］刘定平.加入WTO后河南中小企业发展问题研究［R］.河南省社科联重点调研课题，2001.

［164］刘定平.加入WTO与河南中小企业转型升级研究［R］.河南省哲学社会科学规划项目，2004.

［165］R. Hooke. How to Tell the Liars from the Statisticians［M］. New York：Marcel Dekker, Inc., 1983.

［166］M. Hollander, F. Proschan. The Statistical Exorcist［M］. New York：Marcel Dekker, Inc., 1984.

［167］J. M. Utts, R. F. Heckard. Mind on Statistics［M］. California：Wadsworth Group，2002.

［168］G. Casella, R. L. Berger. Statistical Inference，2nd ed.［M］. California：Wadsworth Group，2002.

［169］R. A. Johnson, D. W. Wichern. Applied Multivariate Statistical Analysis，5th ed.［M］. New Jersey：Pearson Education, Inc., 2003.

［170］D. M. Levine, T. C. Krehbiel, M. L. Berenson. Business Statistics，4th ed.［M］. New Jersey：Pearson Education, Inc., 2006.

后　记

　　论文撰写自始至终都得到了吴申元教授高屋建瓴而又绵密的指导，成果虽小，但也凝聚着老师的心血，首先向老师表示衷心的感谢！吴老师是博士生导师，能对我的这篇硕士论文给予充分的肯定，不仅让我感受到前辈的关怀和扶掖，也能让我感受到创新的价值和人生的意义！吴老师是中国经济思想史大家，我的这篇论文的前半部分正好与中国经济思想史直接相关；并且，我从互联网上看到，吴老师还曾与统计有重要的缘分，而我这篇论文的主要部分又恰好是统计分析，我的工作就是统计教学。这双重的巧合让我倍感亲切！

　　除吴老师之外，指导小组中的严法善教授和焦必方教授也都是博士生导师，都是一方名家。我要么多次聆听过其深中肯綮，又如行云流水，且充满幽默的高论，要么拜读过其大作。这些都让我受宠若惊并镂刻在心，是感激所不能表达的！

　　学习过程中，复旦大学经济学院其他老师的授课也让我受益匪浅，有关管理部门的负责人，如胡凤英老师、焦瑛老师、唐余宽老师等，在我学习和论文写作过程中也提供了诸多帮助，在此也向他们表示诚挚的谢意！

国家统计局河南调查总队的郑东涛处长是我的良师益友，他敬业、有能力，对我有很大的影响。与其长期而有效的合作，不仅使我踏上了对中小企业的认知和研究之路，还慷慨应允我使用、开发归他们所有的有关中小企业的原始调查数据。否则，本研究最关键的部分将无法进行。在此，特别向他和他的同事致以崇高的敬意！

在复旦求学虽然时间漫长，但看到可爱儿子的迅速成长，倒让人觉得光阴的飞逝，并能从中感到莫大的宽慰！在这一过程中，我也由副教授变成了教授，我指导的研究生不仅已经毕业，还成为了博士生，这虽然说有喜悦，但它更让我感觉到自己知之甚少。这也许是我在复旦的最大收获！

是为后记。

刘定平

2007 年 4 月 6 日